少年趣读

中国历史

夏商西周

余耀东　编著

时代出版传媒股份有限公司
安徽少年儿童出版社

图书在版编目（ＣＩＰ）数据

少年趣读中国历史．夏商西周 / 余耀东编著． — 合肥：安徽少年儿童出版社，2022.1（2022.5 重印）
ISBN 978-7-5707-1080-5

Ⅰ．①少… Ⅱ．①余… Ⅲ．①中国历史—三代时期—少年读物 Ⅳ．①K209

中国版本图书馆 CIP 数据核字（2021）第 117951 号

SHAONIAN QU DU ZHONGGUO LISHI XIA SHANG XIZHOU
少年趣读中国历史·夏商西周   余耀东　编著

出版人：张　堃	策　划：张春艳	责任编辑：张春艳
责任校对：张姗姗	责任印制：郭　玲	封面设计：王　威

图文制作：三人行图书
出版发行：安徽少年儿童出版社　E-mail: ahse1984@163.com
　　　　　新浪官方微博：http://weibo.com/ahsecbs
　　　　　（安徽省合肥市翡翠路 1118 号出版传媒广场　　邮政编码：230071）
　　　　　出版部电话：（0551）63533536（办公室）　　63533533（传真）
　　　　　（如发现印装质量问题，影响阅读，请与本社出版部联系调换）

印　　制：阳谷毕升印务有限公司	
开　　本：710 mm × 1010 mm　1/16	
印　　张：10	字数：150 千字
版　　次：2022 年 1 月第 1 版	2022 年 5 月第 2 次印刷

ISBN 978-7-5707-1080-5　　　　　　　　　　　　　　　　定价：45.00 元

历史是什么？

有的同学说，历史是故事，是昨天的、前天的、大前天的，以及很久很久以前发生的事；有的同学说，历史是知识，涵盖了历朝历代政治、军事、文化等方方面面。

唐太宗说，历史是一面镜子，能让我们从前朝的兴亡中总结经验和教训。

是的，历史是过往，是曾经发生的事；历史是时间流沙的沉淀，每一粒都被磨砺成了珍珠，有其独特的价值；历史是不能忘记的记忆，是激励我们砥砺前行的动力。

为什么读历史？

伟大的英国哲学家培根说："读史使人明智。"通过阅读历史，我们可以从历史事件中明白许多道理；从历史人物身上领悟许多成功的经验、失败的教训；从历史长河中梳理出历史发展的规律。阅读历史，就可以让我们变得更聪明、更理智；就能不断提高自己，在人生路上少走弯路。

历史是一笔宝贵的财富，华夏文明历经五千载，是世界上最悠久的文明之一。作为华夏儿女，我们应该主动去了解历史，学习历史。挚爱历史的人，还可以深入地去研究历史。在读历史的过程中，我们总是能感受到一种力量，那力量是从历史长河中生发出来的自信与坚定。阅读历史，可以传承文明，弘扬传统文化，提升我们的民族自豪感，加深对祖国的热爱之情。

　　来吧，一起读历史！

　　大多数历史书籍，总给人厚重、枯燥之感，毕竟历史不如小说曲折生动，不如诗歌优美精致。每一个大人都热切希望给孩子灌输历史知识，然而，在有些一板一眼、枯燥乏味的历史图书面前，家长和孩子都感到乏味。因此，孩子们多么需要一套有趣、耐读、内容丰富的历史图书啊！

　　这套《少年趣读中国历史》便应运而生。

　　这套书仿佛打开了一扇新的大门，用现代人的目光去看待古人，用现代人的语言去模仿先贤古圣的对话，别有一番趣味。这样说历史故事，拉近了孩子和古人之间的距离，建起了一座现代人与历史沟通的桥梁。

　　那么，让我们翻开书本，津津有味地去阅读历史吧！

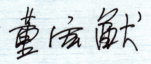

目录

夏

（约公元前 2070 年—公元前 1600 年）

约公元前 2070 年
舜把部落联盟首领之位禅让给大禹。

大禹继位后，举皋陶为继承人，皋陶早亡，又以伯益为继承人。

大禹亡，伯益守丧三年。

西周夏商那些事儿

西周

（公元前 1046 年—公元前 771 年）

约公元前 1046 年
商亡周立，建都于镐京，史称西周。周武王置三监，分封诸侯。

约公元前 11 世纪，周灭商之战，商王帝辛（纣）逃到鹿台自焚而死，商朝灭亡。

约公元前 12 世纪末至 11 世纪初，周文王攻商之战。

公元前 1043 年
周武王子姬诵继位，即周成王。周公旦摄政。

约公元前 1042 年至公元前 1040 年，周公旦平定"三监"及武庚叛乱。

约公元前 11 世纪至康王时期，成康之治。

公元前 841 年
国人暴动，共和行政。我国历史开始有确切纪年。

禹之子启在民众的拥护下得到了权位。

夏启亡，其子太康继位。

东夷族首领羿夺得夏政，史称"太康失国"。羿拥立太康之弟中康为王，羿实际掌握政权。

少康在纶城（今河南虞城西）中兴夏朝，恢复夏朝的统治，史称"少康中兴"。

商

（公元前 1600 年—
公元前 1046 年）

约公元前 12 世纪，季历率周军攻西落鬼戎之战。

盘庚迁殷（今河南安阳），"殷商"由此得名。

公元前 1600 年

商部族首领汤率军讨伐桀，在鸣条之战中灭夏。

公元前 827 年

周公和召公拥立周宣王继位，史称"宣王中兴"。

公元前 781 年

周幽王继位，任用好利的虢石父执政。

公元前 771 年

犬戎攻入镐京，周幽王被杀，西周结束。

朝代歌

华夏先祖是炎黄，唐尧虞舜美名扬。

大禹治水救百姓，夏启登基称了王。

后羿寒浞夺王位，少康复国众人帮。

夏桀无道设炮烙，起兵灭夏是商汤。

贤臣伊尹囚太甲，盘庚迁殷搬家忙。

奴隶傅说当宰相，武丁三配不寻常。

纣王心肠似虎狼，泰伯三让真谦逊。

周朝建立靠姬昌，渭水垂钓姜子牙。

周公定国又安邦，三监之乱好危急。

穆王西游去远方，昭王南巡丧六师。

楚国称王好嚣张，国人暴动造了反。

乱点烽火西周亡，宣王中兴半途废。

打架打成一家人

华夏族的形成

说起历史，不得不从神话和传说讲起。每一个古老的民族都有自己的神话传说，用来解释和说明世界的起源和本民族的由来。神话传说虽然不是历史，一看就是虚构的，但是从神话传说中，多少可以看见一些历史的影子。

无所不能的黄帝

黄帝，传说中中原各族的共同祖先，姬姓，号轩辕氏、有熊氏，少典之子。传说有很多发明创造，如养蚕、舟车、文字、音律、医学、算数等，都创始于黄帝时期。现存《素问》一书，是托名黄帝与岐伯、雷公等讨论医学的著作，相传是《黄帝内经》的一部分……如果古代也有诺贝尔奖的话，黄帝得个什么物理奖、医学奖、化学奖，那是轻轻松松的事儿，拿奖可以拿到手软。

不仅黄帝很能干，他的妻子也非常厉害。黄帝的妻子叫嫘祖（léi zǔ），她教会人们养蚕，总结出养蚕、缫（sāo）丝、织帛的经验；她还带领部落中的妇女种麻，用麻线来织布；男人们猎取的各种野兽，嫘祖就带领女人们把兽皮剥下来，进行加工。嫘祖教人们用这些东西制衣制鞋，从此人们再也不用只穿兽皮、树叶了。

黄帝还有一批能干的手下，他们都有许多伟大的发明。比如，仓颉（cāng jié）创造出了象形文字，伶伦分出十二音阶，隶首制定了度量衡……

实话实说，在远古时期，文明的发展很缓慢，也很艰难，这其中的任何一项发明，都不太可能是一两个人的功劳。人类的文明是在前人的基础上一点点积累起来的。因为黄帝是大家一致承认的华夏人文始祖，所以人们就把那许许多多的文明成果归功于他和他的时代。

战争与和平

四千多年以前，我国的黄河流域住着许多氏族和部落。这些部落中，最强大的是炎帝部落，部落首领是炎帝神农氏，他管理和控制着那些弱小的部落，是当时的北方霸主。

在那时，人们靠种田、放牛放羊、外出打猎、采集果子为生……随着人口数量的增加，耕田、放牧、打猎、采集的范围会不断扩大，这样各部落就免不了为争夺地盘而发生冲突。

这个时候，就必须有个有魄力、能服众的人来为大家进行调解。以前都是由神农氏当"裁判员"，可是后来炎帝部落的势力衰落了，他说话就不管用了，所以各部落之间经常发生混战。

炎帝部落衰落的同时，黄帝部落却变得越来越强大。于是，黄帝部落的首领黄帝就开始充当和事佬，为大家调解纠纷。其他部落看到黄帝部落很强大，黄帝又是个聪明能干、善良正直、办事公正的人，都愿意服从黄帝的号令。这样一来，大家有什么矛盾，都去找黄帝评理，也就用不着再打仗了。

就在这个时候，一个人的出现，打破了和平的局面，他就是九黎族的首领蚩尤（chī yóu）。

传说蚩尤有八十一个兄弟（其实就是跟着蚩尤一起抢东西的许许多多的小部落首领），他们全是铜头铁额，凶猛无比。蚩尤还制造了刀、戟、弓、矛等兵器，这些兵器在那时候可是了不得的"大杀器"。蚩尤仗着兵器先进，兄弟众多，四处抢掠其他部落，是个典型的好战分子。

有一次，他们抢到了炎帝的地盘上。虽然炎帝部落衰落了，可是瘦死的骆驼比马大，炎帝也不是好惹的。他带着人马前去讨伐蚩尤，两边的人马一碰面，炎帝就倒吸了一口凉气。只见蚩尤身穿兽皮，脸上涂得花里胡哨，手里还拿着一把青铜大斧，看起来威风凛凛。他的那些手下，拿的也都是明晃晃的青铜兵器。

再看炎帝这边，士兵拿的是石枪、石刀和石斧，武器装备和蚩尤他们的比起来，完全不在一个档次上。只见蚩尤把手中的青铜大斧一挥，八十一个兄弟如狼似虎，朝着炎帝的人马就杀了过来。炎帝所率部众从没见过这种架势，抵挡不住，只好撒腿就跑。这一跑就收不住脚，他们一直逃到涿鹿（zhuō lù）（今河北涿鹿）

才停了下来。

　　炎帝没法子，只好到黄帝部落请求黄帝出手相助。黄帝早就想消灭蚩尤这个破坏和平的捣乱分子，于是率领大队人马赶往涿鹿，前去支援炎帝。结果不用说，自然是黄帝取得了胜利，蚩尤大败而逃。黄帝带领士兵乘胜追击，把蚩尤捉住杀了。黄帝把蚩尤的头带回涿鹿，埋在了那里。

　　黄帝和炎帝联合起来打败了蚩尤，瓜分了蚩尤的地盘和部

众，蚩尤的血脉自然也就融入了炎黄部落之中。后来，有人把黄帝、炎帝和蚩尤尊称为"中华三祖"。

蚩尤实在是太勇猛了，黄帝虽然打败并杀了他，却仍尊他为"兵主"，也就是"战神"。他勇猛的形象让人畏惧，黄帝还把他的形象画在旗子上，用来鼓励部众勇敢作战。那些小部落的人见了蚩尤的画像，往往吓得立刻放下兵器，举手投降。

炎帝在黄帝的帮助下消灭了蚩尤，但是黄帝的势力越来

大，这让炎帝看着很不顺眼，不停地挑衅黄帝部落。

黄帝是热爱和平的人，他并没有马上向炎帝宣战，而是派遣使者来见炎帝，苦口婆心地劝炎帝归顺自己，免得刀兵相见。炎帝坚决不同意讲和，结果双方谈崩了。黄帝决定亲自出征，率领大批人马来到阪泉。

双方开战后，炎帝先发制人，在黄帝没有防备的情况下，火攻黄帝的营寨。一时间黄帝的营寨烈焰腾腾，火光冲天。多亏黄帝的大将应龙喷水浇熄了大火，黄帝的人马才稳住了阵脚。黄帝经过三次大战，最终活捉了炎帝。为了彻底降服炎帝，黄帝没有杀他，而是派人劝说炎帝和自己结盟。

炎帝为黄帝的诚意所感动，向黄帝俯首称臣，发誓从此再也不和黄帝对抗。就这样，黄帝和炎帝打架打成了一家人，炎帝部落并入黄帝部落，形成了早期的华夏族。

知道多一点

炎黄子孙：阪泉之战后，以黄帝和炎帝为核心的华夏族像滚雪球一样，不断融合周围的小部落，变得越来越强大。炎帝和黄帝被尊为华夏族的祖先，华夏族的后代自称"炎黄子孙"。

禅让的两个版本

禅让的故事

黄帝去世以后，最有名的部落首领就是尧。据说尧的父亲帝喾（kù）是黄帝的曾孙，尧后来继承了父亲帝喾的位置。晚年的时候，尧没有把部落联盟首领之位传给自己的儿子，而是传给了贤能的舜；后来，舜年老的时候，也没有把部落联盟首领之位传给自己的儿子，而是让给了贤能的禹。这种让位的方式，历史上称为"禅（shàn）让"。不过，因为历史实在是太久远了，相同的事情有着不同的说法。关于禅让，有着两个完全不同的版本。

阳光暖心版

这个版本的故事中，禅让的情况是这样的：

帝喾去世后，他的大儿子挚继承了他的位子。挚因为荒淫无度，不理政事，继位九年之后就被废了。之后，尧被推选为新的部落联盟首领。

尧十分贤明、仁爱，时时刻刻想着替百姓谋福祉，被百姓尊称为"尧帝"。尧和百姓同甘共苦，他住的宫殿只不过是用普通的木材和泥砖盖起来的。宫殿顶上覆盖的也是很平常的茅草，连

屋檐上的茅草都没有修剪整齐。他吃的是糙米饭、**野菜羹**（gēng），很少吃肉。冬天穿的是最便宜的鹿皮袄，夏天穿的是很平常的粗麻布衣裳，整天忙忙碌碌，只想着为百姓排忧解难。

尧从十六岁开始治理天下，在位七十年。到了八十六岁那年，他觉得自己年纪大了，不能继续为百姓服务了，就想找一个人来接替他的工作。尧的儿子丹朱整天不务正业，又不虚心向别人学习。尧知道他将来决不会好好为百姓服务，于是便向各地发出公告，号召人们推荐贤能的人来接任。不久，有人响应尧的号召，推荐了舜。

尧不是十分放心，决定亲自考验一下舜。尧把自己的两个女

儿娥皇和女英都嫁给了舜，观察他处理家庭关系的能力，以理家的能力来考察他治国的才能。娥皇和女英嫁给舜以后，家庭和睦，这表明舜有很强的理家能力和非凡的人格魅力。接着，尧派舜到历山去和百姓一起干活儿。舜就带着两个妻子一起去历山耕田种地，丝毫没有怨言。

舜仁厚待人，做事勤勤恳恳，附近的百姓看到舜种的田地收成很好，就在他的田地旁开荒种地，于是这一带逐渐变得热闹起来。百姓耕种的田地和舜的田地离得很近，偶尔会有越界的事发生，但舜从不和别人争执。在舜的影响下，大家也很少发生争执，总是互相谦让。

尧听说舜这么贤能，对他就更加放心了，还派自己的九个儿子去辅佐舜，并让舜掌管部落的祭祀、礼仪等活动，目的是观察舜处理事务的能力，结果舜也做得非常好。

这一天，尧把舜叫来，对他说："舜啊，经过考察，我对你十分满意，决定让位给你，你以后好好努力吧！"

舜连忙推辞说："哎呀，我不行啊，我的德行还有待提高，实在是没有资格接替您的工作啊。何况，丹朱也很好啊，就让他接任吧！"

尧说："丹朱那小子太不成器，我已经决定了，你就不要再推辞了！"

就这样，舜在万般无奈、实在无法推脱的情况下，接替了尧的工作。

尧把治理天下的大权交给了舜，自己带着一些人到各地视察去了。舜接替尧管理天下二十年，除掉了共工、鲧（gǔn）等不好好工作的人，把政务处理得妥妥帖帖。尧视察回来后，对舜的工作非常满意，就开心地养老去了。

舜的妻子娥皇没生孩子，只有女英为他生了一个儿子，名叫商均。商均喜欢观赏歌舞，不像舜那样热爱劳动。舜觉得商均不会治理朝政，所以不准备把部落联盟首领之位传给商均。

舜在位治理天下四十八年，他年老时，也仿照尧的做法，请大家推选能继承自己位子的人。因为禹治水有功，受到百姓爱戴，所以人们纷纷推举他。禹帮着舜处理各种事务达十七年，树立了威信。

这一天，舜把禹叫来，对他说："禹啊，经过考察，我对你十分满意，决定让位给你，你以后好好努力吧！"

禹连忙推辞说："哎呀，我不行啊。我的德行还有待提高，实在是没有资格接任啊。让商均接替您的工作吧！"

舜说："商均那小子太不成器，我已经决定了，你就不要再推辞了！"

就这样，禹在万般无奈、实在无法推脱的情况下，接替了舜的工作。

舜晚年的时候身体不好，依然抱病到南方各地去巡视，最后病死在巡视苍梧（今湖南境内）的途中。娥皇、女英得知舜死后，悲痛不已，天天以泪洗面，不久也去世了。禹做了部落联盟首领后，领导百姓过上了幸福的生活。

在这个故事里，大家你推我让，个个品德高尚，让人看了感觉十分温暖。

暗黑虐心版

这个版本的故事中，禅让的情况是这样的：

帝喾去世后，他的大儿子挚成为接任者。挚残暴荒淫，于是他的弟弟尧发动政变，杀死了挚，夺取了部落联盟首领之位。

尧年纪大了，处理政事时觉得有些力不从心，就让自己的女婿舜来帮忙。尧的儿子丹朱是个老实人，没什么本事，也不受百姓爱戴，因此舜觉得机会来了。尧的其他儿子知道父亲将把部落联盟首领之位传给丹朱，自己没有希望了，都心中充满怨恨。舜趁机拉拢他们，取得了摄政大权。但是舜还不满足，最后把尧软禁起来，不准他和丹朱见面。后来，舜把丹朱放逐到丹水（今河南西南）。就这样，舜彻底掌握了大权。

一天，舜带着一大群人去见尧，对他说："您在位这么多年，实在是辛苦了，以后大事小事我来帮您办，您就好好休息吧！"

尧说："我才干了七十年，身体还很结实，我想继续为黎民百姓服务！"

舜说："你哪儿这么多废话，赶紧给我让位！"

尧没有办法，只能宣布将部落联盟首领之位传给了舜。舜即位以后，立刻除去了那些可能威胁自己地位的人，例如共工、鲧等一些尧在位时的名臣。

舜在位四十八年，当他年老的时候，历史重演了。禹因为治水有功，在百姓中建立起巨大的威望，最终掌握了大权。

这一天，禹带着一群人去见舜，对他说："您在位这么多年，

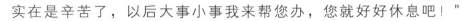

实在是辛苦了，以后大事小事我来帮您办，您就好好休息吧！"

舜说："我的身体还很结实，我想继续为黎民百姓服务！"

禹说："你哪儿这么多废话，赶紧给我让位！"

就这样，舜不得不将部落联盟首领之位传给了禹。禹将舜流放到南方的苍梧，舜最后死在了那里。娥皇、女英跟着舜一起逃到南方，在舜死了以后，她们就跳江自杀了。

在这个故事里，大家你争我夺，个个心狠手辣，让人看了感觉十分虐心。

那段历史离我们实在是太遥远了，事情到底是怎样的，已经无从知晓。你认为哪个版本才是真实的历史呢？

黄帝的后代：根据历史记载，黄帝共有二十五个儿子，其中十四人被分封得姓。这十四人共有十二个姓，依次为：姬、酉、祁、己、滕、葴、任、荀、僖、姞、儇、依。少皞（hào）、颛顼、帝喾、尧以及夏朝、商朝、周朝的君主都是黄帝的子孙。

抗洪带头人——大禹

大禹治水

"治水老专家"掉链子了

话说在尧当政的时候，整个北方地区洪水成灾，到处是一片汪洋。

尧看见百姓处在水深火热之中，心里十分着急，就把大家请来商议如何治理洪水。大家一致推举有着多年治水经验的鲧来治水。尧接受了大家的举荐，命鲧去治理洪水。

鲧确实有丰富的治水经验，他曾在村庄四周筑起高大的围墙，把大水拦在村子外面，保住了许多百姓的生命和财产。这种围墙就是城墙的起源。鲧还是中国最早建造城池的人。

鲧接到尧治水的命令后，踌躇（chóu chú）满志地在各处按照老法子建造大堤，阻止洪水泛滥。鲧以为凭借自己丰富的经验，很快就能治理好洪水。

　　不料，这一次的情况跟以前大不相同，"治水老专家"鲧遇到了新问题。鲧辛辛苦苦地忙碌了好久，洪水不但没有退去，水患反而变得越来越严重了。西边堵住了，洪水就往东流；北边堵住了，洪水又向南流……随着建造的堤坝越来越多，鲧带着人终于把所有缺口都堵住了。

　　可是问题又来了，洪水没有地方流泻，就开始猛涨。随着水位越升越高，鲧建造的堤坝再也无法承受，到处决口。那水势犹如万马奔腾，顷刻之间扫荡大地上的一切，造成的损失比以前更严重。鲧一看洪水决堤，也慌了手脚，带着人继续围堵洪水。可是他刚堵了这边，那边又决口了。就这样，鲧治理洪水九年，不但没有丝毫成效，洪水泛滥得反而更厉害了。

　　俗话说"兵来将挡，水来土掩"，鲧治理洪水的方法并不见得就是错误的。他之所以失败，主要是因为洪水太大，而那时候人们的工具实在是太简陋、太落后了，应付不了那样大的天灾！

　　鲧治理洪水期间，舜接替了尧的位置。舜见鲧治水多年，水患越来越严重，觉得鲧纯粹是在消极怠工。舜派人把鲧抓了起来，最后下令杀死了他。

治水的正确方法

　　舜杀了鲧，然后派鲧的儿子禹去治理洪水。咦，舜为什么会杀了父亲，却让儿子接着治水呢？其实，在远古时期，各部落之间有不同的分工。有的部落擅长种地，有的部落擅长经商，有的部落擅长盖房子，有的部落擅长烧陶器。鲧所在的夏部落擅长修

筑堤坝，部落首领个个都是当时的土建专家，这个特长不是人人都具有的。

禹接替父亲的工作，继续治理洪水。经过洪水这么多年的破坏，该冲的都冲走了，该淹的地方都淹掉了，这倒给禹治理洪水带来了诸多便利。禹吸取父亲失败的教训，不再四处围堵洪水，而是采用疏导的方式，引导小的水流进入大河，引导大河进入海洋。他在河流不通畅的地方加宽河道，这样平地就不会被淹没了。遇到河流被堵住了，他就带人进行疏通。所以说，禹的做法才是治水的正确方法。

禹治水十三年，曾三次路过自己家的大门，都没有进去过。禹新婚不久就受命去治水，他第一次经过家门时，他的儿子启刚出生不久。第二次经过家门时，启已经开始牙牙学语。当他第三次经过家门时，启已经十多岁了。禹这种公而忘私的精神，几千年来一直受到人们的称颂。

据说禹把天下的洪水全都引入了黄河，黄河奔腾而下，到达龙门的时候被堵住了。禹经过勘察，发现必须在挡住水势的山峦中开凿出一条通道，使水流畅通无阻，才能彻底消除水患。于是禹率领众人，硬是靠着原始落后的工具，在黄河大峡谷最窄的地方，开凿出一个八十步宽的大口子。大水从这里奔流而下，畅通无阻。人们称那里为龙门，又叫禹门口。据说那里的山岩上，至今还留有禹当年开凿龙门时留下的痕迹。

禹带领天下百姓，经过十三年的艰苦奋斗，终于把所有河流都疏通了。人们为了纪念禹的伟大功绩，称他为"大禹""神禹"。

大禹治水成功后，依据治水时获得的山川土地的资料，把天

下分为九州，派"九牧"去管理。

大禹治理好了洪水，天下百姓又能耕田种地，养蚕织布了。没过几年，九州到处生机勃勃，百姓丰衣足食。由于治水立下了功劳，大禹受到百姓拥戴。舜在晚年的时候，传位给大禹，大禹成为部落联盟首领。

当首领也是一把好手

大禹成为部落联盟首领后，依然不肯休息，经常四处巡游，体察民间疾苦。这一年，大禹巡游到会稽（kuài jī），并在这里停留下来，下令召集各部落的首领来这里会盟。

到了聚会的日子，大禹看着前来参会的各部落的首领，感到十分满意。他高声说："诸位，我们召开这次大会，就是为了让大家更团结，以安定天下百姓。这次大会十分重要，大家能来参加，我非常高兴，现在开始点名。"

"有扈氏！""到！"

"彤城氏！""有！"

"斟灌氏！""来了！"

"防风氏！"没有人回答。

"防风氏……"还是没有人回应。

大禹有些恼火了："这个防风氏太没规矩了，必须严惩！"

虽然防风氏没来，但大会还是隆重召开了。在会上，大禹按照各部落首领的功劳大小，分别进行封赏。封赏结束后，大禹教导他们要注重农时，安抚百姓，不许恃强凌弱，不准互相攻伐。

实在有解决不了的矛盾，大家可以去找大禹调解。

过了两天，防风氏急急忙忙地赶来了。他向大禹解释说路上遇到洪水挡路，所以迟到了。大禹可不管这些，下令把防风氏推出去杀了。大禹当着所有部落首领的面杀了防风氏，就是在立规矩，确立自己的领导地位。这也是他召集各部落首领在会稽会盟的目的。从此各部落首领都很畏惧大禹，再也不敢自作主张了。也就是从这时开始，大禹成了真正的"九州王"。

会盟结束后，部落首领们陆续散去，大禹则因为操劳过度生病了。不久，大禹在会稽去世，人们将他安葬在会稽山上。后来，人们还在这里设立了大禹庙、大禹陵、大禹祠，在每年的春秋两季祭祀他，缅怀这位伟大的治水功臣。

大禹的伟大功绩不仅在于治理洪水，让天下百姓安居乐业，更重要的是他结束了原始社会部落联盟的状态，为国家的形成和夏朝的建立打下了坚实的基础，推动了历史的发展。

追根溯源

过门不入：指禹因为担心因私废公，三次过家门而不入。后来，人们用来表示"舍小家为大家"的精神。出自《史记·夏本纪》："禹伤先人父鲧功之不成受诛，乃劳身焦思，居外十三年，过家门不敢入。"

家天下时代开始

夏朝建立

被放弃的正牌继承人

话说大禹晚年的时候，依照禅让的惯例，根据部落首领们和百姓的推举，选择皋陶（gāo yáo）作为自己的继承人。这个皋陶可不得了，和尧、舜、大禹并称为"上古四圣"。他曾被舜任命为掌管刑法的"士"，以正直闻名天下，是史学界和司法界公认的中国司法鼻祖。

皋陶和大禹曾经都是舜的手下，算得上是老同事了，他俩的年纪也差不多。可惜的是，没过多久皋陶就不幸去世，死在了大禹的前面。大禹一想，皋陶去世了，那就让他的儿子伯益做自己的继承人吧。俗话说：老子有才儿能干。这个伯益也不一般。皋陶、伯益父子俩都曾辅佐大禹治水，大禹治水成功后，舜赐给伯益一条黑色的旌旗飘带，还赐伯益嬴姓。这个姓看起来是不是很眼熟啊？对，它就是后来统一天下的秦国的国姓，伯益正是秦人的祖先。

大禹虽然让伯益做自己的继承人，却把治理天下的权力交给自己的儿子启，让启代替自己管理天下，以锻炼启的管理能力。

大禹去世以后，伯益按照部落联盟的传统，为大禹举行了盛大的葬礼，还宣布为大禹守丧三年。三年期满后，伯益到箕山脚下隐居。按照惯例，部落首领们会前来迎接伯益，请他出山继承部落联盟首领之位。伯益会连续推让几次，然后在大家的一再恳请下，宣布接受大家的请求，担任部落联盟首领。

可是这一次剧情没有按照以前的套路上演，伯益左等没人来请他，右等还是没人来请他。最后一打听，在他隐居的这段时间，部落首领们都去朝见大禹的儿子启，准备推举启来做部落联盟首领。

伯益气坏了，他召集自己在东夷的人马，发动突然袭击，把启抓住，关押了起来。同时他还昭告天下，说自己才是大禹的合法继任者，启擅自准备继任，违背了大禹的遗命。对于这个想篡权夺位的野心家，必须杀了才行。

伯益想杀了启，可是这很难办到。毕竟大禹才去世不久，百姓还记着大禹治水的功绩呢。而且在大禹的治理下，天下太平，百姓生活富足，这功劳簿上也有启的一份啊！诸侯、百姓于是纷纷为启求情，伯益一看启这么得人心，就没敢下手。

谁料正在伯益犹豫的时候，启却逃出了监狱。原来，负责看押启的人是启儿时的伙伴，他非常同情启的遭遇，偷偷放走了启。启逃走后，带领自己的人马对伯益发起了进攻。最终，启打

败了伯益，抓住并杀了他。

就这样，启继承了父亲大禹之位，禅让制被世袭制取代。随后，启称王，建立了夏朝，从此开始了王位在家族内部传承的世袭制度，中国历史进入家天下的时代。

从此九州归夏家

启继位以后，马上召开诸侯大会，让诸侯们承认自己继位的合法性。因为启打败了伯益，诸侯又敬爱大禹，所以对启继位倒也没有什么异议。

当然，也不是所有人都没有异议，有个叫**有扈氏**（yǒu hù shì）的就公然表示不服。他认为，尧、舜、大禹三代都是禅让传位，而且大禹已经选择了伯益作为继承人，启不遵从父命和惯例，杀死了合法继任者伯益，这完全没天理啊。

启倒是很冷静，没有立刻对有扈氏下手。他等了一段时间，见虽然有扈氏叫喊得很凶，却没有人敢附和，心里就有了底。既然有扈氏没人帮忙，那就好对付了。启于是亲自率领大军前去讨伐有扈氏。讨伐大军行进到甘地（今陕西西安鄠邑区南），启召集六卿（六军主将），举行全军誓师仪式。启慷慨激昂地说："有扈氏公然造反，无法无天，必须消灭他。全军将士有功者必得赏，违命者必诛杀。"

六军将士听了启的这番话，士气大涨，把有扈氏的军队打得落花流水。启率领大军继续前进，彻底消灭了有扈氏。这一下，诸侯们看见有扈氏的下场，更加不敢反对启了。

　　启灭了有扈氏以后，见自己的王位已经稳固，就效法大禹当年的做法，下令全天下的诸侯都来钧台（今河南禹州）拜见自己。天下诸侯见启杀了伯益、灭了有扈氏，都不敢不来。别说不来，连个敢迟到的人都没有。启这次召开的诸侯大会，比大禹时代的会盟可气派多了。会盟期间，启准备了最精美的食物招待诸侯，叫作"大享"。

　　会盟结束后，启又邀请诸侯们一同前往自己的国都安邑，诸侯们纷纷答应，准备去安邑再享用一顿美味大餐。一路上，启和诸侯们的旌旗遮天蔽日，壮观极了。启就是要用这种方式，让所有人都看到，天下诸侯是服从和拥护自己的。

　　夏朝的天下越来越稳定，启决定立大儿子太康为太子，好让江山世世代代在自己家中传下去。启有五个儿子，最小的儿子叫

武观。武观见太康被立为太子，像喝了老陈醋一样，酸水直冒。他心想："我和哥哥都是父亲的儿子，父亲的江山应该也有我的一份啊。"武观想杀死哥哥，自己当太子。但是事情很快就败露了，启就把武观流放到西河。

武观被流放后，更加愤愤不平，干脆在西河招兵买马，公然准备造反。启得到消息后很生气，自己的儿子都不听话，以后这天下还怎么管！于是，启派大将彭伯寿领兵征讨武观。

武观毕竟是个年轻人，打仗经验不丰富，根本不是能征善战的彭伯寿的对手。两军一对阵，没几个回合，武观就被彭伯寿打败，当了俘虏。武观是王子，彭伯寿不敢杀他，就把他押往都城安邑，听凭启发落。造反是大罪，可武观毕竟是自己的亲儿子，启实在是下不去手，最终没有杀武观，只是把他流放到东海边去了。这样眼不见心不烦，还能留武观一条小命，也算是个不错的处理方式。

启去世后，太子太康继位。夏朝的江山，就这样稳稳当当地传到了太康手中。

知道多一点

公天下与家天下：大禹以前的社会是"公天下"的大同社会，权力和财物都是公有的，"天下为公，选贤与能"。到了夏朝，天下的土地、臣民都被当成君王一家的私产，这就是"家天下"。

你政变我也政变

太康失国

不上心就要下岗

启晚年的时候，喜欢讲排场，整天不是喝酒打猎，就是观赏歌舞，对朝政不大上心。启年轻的时候跟着父亲大禹四处奔波，还过了一段苦日子。他的儿子太康就不同了，生下来就过着衣来伸手，饭来张口的生活，根本不懂民间疾苦。

太康登基以后，像晚年的启一样，整天沉迷于打猎、游玩，根本不理朝政。他既没有才干，身边又没有贤明的大臣帮忙，没几年就把国家搞得一塌糊涂，都城安邑的百姓怨声载道。太康一见安邑待不下去了，便把都城迁到斟鄩。他一到斟鄩，就把斟鄩氏的人全赶走了。那斟鄩氏说来跟太康还有亲戚关系，也亏他好意思下手。

太康从安邑迁都到斟鄩，凳子都还没焐热，就开始张罗着去

打猎了。大臣们看到太康如此不思进取，到一个地方就祸害一个地方，个个摇头叹气；有的诸侯看到太康这么胡作非为，也渐渐不来朝贡，有的甚至产生了非分之想。

那时东方的东夷诸部落迅速崛起，其中以有穷氏实力最为强大。有穷氏的首领名叫后羿，他勇武过人，擅长射箭，可以说是百发百中。后羿一看太康这么昏庸无能，认为机会来了。他一边派人监视太康的一举一动，一边派人打探天下诸侯的态度，准备寻找时机夺权。

太康哪里知道这些，依然不理朝政，每天不是在打猎，就是在前去打猎的路上。后来，他越玩越起劲，竟然带着打猎的队伍一路向南追赶猎物，不知不觉一走就是一百多天。

后羿一看机会来了，马上率领人马，在黄河北岸扎营，截断了太康的归路。

当太康兴高采烈地带着猎到的大批野兽准备回都城的时候，只见黄河北岸后羿的人马一字排开，拦住了他的去路。太康只带着跟随他打猎的队伍，这些人只会阿谀奉承，陪着太康打猎还行，哪里能作战呢？太康没办法，只好派使者去后羿的大营，请求借道回都城。

谁知后羿却说："太康自登基以来，只喜欢打猎游玩，不理国事，已经失去了做王的资格。现在天下诸侯已经决定另选贤明

的王，他不用回都城去了。这个路嘛，我不借。"

太康气得七窍生烟，要不是人马太少，打不过后羿，他当时就要翻脸了。无奈这时他手下缺兵少将，只能暂时在野外住下，然后派人去请各地诸侯前来勤王救驾。谁知诸侯们早就对太康心生不满，没一个肯来帮忙。

这些年来，诸侯之间有了纠纷，想去找太康评理，太康根本不理，因为他一直都在忙着打猎，实在没时间理这些事；遇到灾荒的年份，大家缺吃少穿，太康也不派人去救济。大家觉得有这个王不多，没这个王不少。何况后羿勇猛过人，手下的兵将如狼似虎，谁愿意为这么个不着调的王去得罪后羿呢？

各路诸侯袖手旁观，谁也不肯出兵。太康催得急了，他们不是说肚子疼没法上路，就是说夫人即将临盆离不开家。总之一句话：想让我帮你去打仗，那是绝对不可能的。太康见没人肯帮忙，自己又打不过后羿，最后只得跑到阳夏（今河南太康）建了个小城住下来。

后羿见太康跑了，就把大本营搬到斟鄩附近的穷石，然后开始公然管理国事，俨然自己就是天下的王。毕竟大禹的威名太大，后羿还不敢公然占据斟鄩，自己称王，于是继续挂着夏朝的招牌管理朝政。太康见后羿把持朝政，不敢再回国都斟鄩，最终病逝在阳夏。

太康死后，他的弟弟仲康继位，就回到斟鄩居住了。因为后羿把持国家大权多年，诸侯们都惧怕他的实力，不得不服从他的命令。后羿见仲康没兵没权，乐得拿他当个傀儡（kuǐ lěi），所以允许他在斟鄩的宫殿居住。仲康当了十来年傀儡，每天被后羿呼

来喝去，最后郁郁而终。仲康死后，他的幼子相继位。后羿见相年龄很小，又没人敢支持他，就公然带兵闯入王宫，威逼相把王位让给自己。相没有办法，只好带着几个随从逃出国都，投靠斟郭氏去了。后来，在斟郭氏和斟灌氏的帮助下，相在帝丘（今河南濮阳东南）定居下来，把那里作为都城。

寒浞捡了个便宜

后羿见相逃走了，以为再也没人能和他抗衡，就整天喝酒打猎，把朝政都交给一个叫寒浞的大臣去打理。

这个寒浞是寒国人，从小就经常偷鸡摸狗，惹是生非，搅得四邻不安。而且他还很不孝顺，不服管教，在寒国那真是臭名远扬。后来有人告状告到寒国国君那里，结果国君得知寒浞的各种恶行后，直接把他驱逐出寒国了，那年寒浞才十三岁。

寒浞听说后羿夺了夏朝的国都，自立为王，建立了有穷国，便认为后羿很了不起，前去投奔。他虽然年纪小，但是能说会道，又会看人脸色，所以很快获得后羿的青睐，后羿还收了他当义子。寒浞跟着后羿学了一身好本领，后羿经常派他率军出征。

寒浞做事很卖力，官运亨通，一路晋升，最后竟然成了后羿朝中的主政大臣。寒浞向来诡计多端，心狠手辣，偏偏后羿很信任他，遇到什么事都喜欢和他商量，还把朝政交给他来打理。

寒浞竭尽全力讨好后羿，对他百依百顺。后羿让他往东，他决不往西；后羿让他打狗，他决不撵鸡。后羿喜欢美女，他就从各地挑选能歌善舞的美女，送入宫中陪伴后羿；后羿喜欢喝酒，

他就让各地献来最好的美酒；后羿喜欢打猎，他就找来最好的猎狗献上。

寒浞这么对待后羿，只是为了消磨后羿的斗志。他见后羿发动政变，风风光光地掌握大权，心想："你能搞政变，难道我就不能搞政变吗？"他借着帮后羿处理朝政的机会，笼络大臣，收买人心，准备寻找机会除掉后羿，自己上台。

这一天，后羿又出去打猎了，寒浞在宫中埋伏好刺客，准备动手。后羿打完猎，高高兴兴地回到宫中。寒浞摆下宴席，和后羿饮酒作乐。等后羿喝得晕晕乎乎的时候，埋伏在暗处的刺客冲了出来，把后羿杀害了。后羿的两个儿子也被寒浞抓住杀了。后羿辛辛苦苦一场，结果全是白忙活，让寒浞捡了便宜。

寒浞杀了后羿，做了有穷国国君。他不愿意再立什么傀儡，觉得怪麻烦的，于是公然自立为王，改国号为"寒"。

　　夏历：夏历是古代汉族历法之一，与黄帝历、颛顼历、殷历、周历、鲁历合称古六历，传说是夏代创立的历法。夏历以月球绕行地球一周为一月，一个月叫作"朔望月"。每月初一为朔日，十五为望日。

少康艰难复国路

少康中兴

胳膊终究拗不过大腿

寒浞吸取自己夺取后羿大权的教训，不敢信任外人，主要培养自己的两个儿子寒浇和寒豷（yì）当帮手。

寒浞听说相在斟鄩氏和斟灌氏的支持下，发展得越来越好，决定攻打相，彻底消灭夏朝的残余势力。

寒浞虽然人品不怎么样，但是头脑灵活，是个很有谋略的人。他知道相现在有斟灌氏和斟鄩氏的支持，势力增强了不少，必须各个击破才行。寒浞先派长子寒浇率主力军攻打斟灌氏的弋邑（今河南太康与杞县之间），自己则和次子寒豷各率一支军队，分别佯攻夏都帝丘和斟鄩氏，使他们不敢增援斟灌氏。斟灌氏势单力孤，很快被强大的寒浇军打败，弋邑被攻陷，斟灌氏的首领开甲带领残部退守斟灌城（今山东寿光东北）。

寒浞获胜以后，就把长子寒浇封在过邑（今山东莱州西北），次子寒豷封在弋邑。虽然这一场大战寒浞获胜，但是因为斟灌氏拼死抵抗，也损失了不少人马。

寒浞决定休整几年，等实力恢复以后再出兵攻打相。对相来说，这本来是个发动反击的好机会。可是相被寒国强大的攻势吓破了胆，不敢进行反击，只是下令加强防守。

经过六年的休整，寒浞的军力比以前更加强大了。寒浞这一次仍然派寒浇率主力军去攻打斟灌氏。斟灌氏首领开甲率军迎敌，结果中了寒浇的埋伏，手下将士全部战死。寒浞的军队攻占斟灌城后，大肆屠杀城中百姓，然后把幸存者作为奴隶带回寒国。

接着，寒浇乘胜攻打斟鄩氏。斟鄩氏的首领木丁听说寒浇率大军前来进犯，立刻率军迎战。双方乘船在潍河（今山东潍坊境内）上展开了一场激战。木丁的将士多数不谙水性，只能在船上和敌人厮杀。寒浇派几十名水手潜入水中，凿沉了木丁军的战船。木丁的士兵纷纷落入水中，木丁则在混战中被寒浇的手下杀死，斟鄩氏也灭亡了。

寒浞灭掉了斟灌氏和斟鄩氏两大诸侯，砍掉了夏朝的左膀右臂，紧接着他们父子三人兵分三路，围攻夏朝的都城帝丘。相率领城中的军民拼死抵抗，无奈势单力薄，根本挡不住寒军的强大攻势，结果战败被迫自杀。

寒军攻破帝丘后，残忍地屠杀城中的军民和夏朝的大臣，一时间宫城内外血流成河。到了这个时候，夏朝算是彻底亡了国。

王子的复仇大计

相战败被迫自杀以后，王后**后缗（mǐn）氏**从宫墙的墙洞中爬出来，逃回了娘家有仍国。后缗氏逃走时已经有了身孕，没过多久，她生下一个男孩，起名儿叫少康。

从少康懂事开始，后缗氏就对他进行"苦难历史教育"，把他祖父一辈的太康因为做事荒唐失国，仲康做了多年傀儡忧愤而死，以及他父亲相被迫自杀等悲惨的往事一一讲给他听。少康听得义愤填膺，满腔怒火，立志要为祖父和父亲报仇，把失去的江山夺回来。

一晃十多年过去了，少康长成了一个相貌堂堂的青年，言行谨慎，举止沉稳，一看就是个要干大事的人。有仍国国君十分器重这个外孙，让他做了"牧正"，就是管理牛羊等牲畜的小官。少康才不满足于这小小的官位，闲暇时间坚持习武强身，学习兵法，时刻准备杀回故都，为父亲和祖父报仇。

然而，世上没有不透风的墙。寒浞终于知道相有一个遗腹子在有仍国长大成人，不由得大吃一惊。他深深懂得"斩草不除根"将后患无穷，决定进攻有仍国，杀了少康。

少康提前得到消息，只身逃出了有仍国。他一路东躲西藏，最后来到有虞国（今河南商丘虞城东）避难。有虞国的国君虞思见少康为人稳重，气度不凡，就让他担任庖正（掌管饮食的官员）。后来，他得知少康不平凡的身世，看到少康年轻有为，就把两个女儿嫁给他，还给了他一块名叫纶的封地。纶邑很小，方

圆只有十里，少康带着一些人在那里种地。

少康秘密号召那些仍怀念他父亲、祖父恩德的遗民，集结了五百多人，日夜操练，准备恢复夏朝的江山。夏朝的遗臣遗民得知少康的下落，络绎不绝地前来投奔。少康根据他们的才能，设立了各种官职，对他们加以重用。就这样，少康以纶邑为复兴夏朝的基地，一点点地积蓄力量。

经过二十年的不懈努力，少康的实力越来越强大了，他的儿子杼（zhù）也已经长大，能够带兵打仗了。少康知道自己的实力虽然增强了不少，但还不足以打败寒浞的军队。他和手下人商量，制订了先消灭寒浇和寒豷，断掉寒浞的左膀右臂，最后再铲除寒浞的计划。少康准备先对付寒浇，因为寒浞的年纪大了，寒豷是个花花公子，没有什么能力，只有这个寒浇比较难对付。

要想战胜强大的敌人，就必须知道敌人的虚实，少康准备派人去寒浇的封地搜集情报。他有一位仆人，名字叫女艾（此处"女"通"汝"，故"女艾"又称"汝艾"）。女艾不仅对少康忠心耿耿，而且智勇双全。少康把自己的想法对女艾说了，女艾欣然答应。女艾乔装打扮，来到寒浇的封地过邑，并取得了寒浇的信任，源源不断地把各种消息传递给少康。

寒浞年纪大了，生活奢侈，对百姓的盘剥也越来越重，百姓早已怨声载道。寒浞在位的第五十五年，逃亡到有鬲（gé）国的夏朝老臣伯靡，暗中联络忠于夏朝的人，组成了一支复国大军，然后率领他们前来投奔少康，少康的实力更强了。

随后，少康根据女艾送来的情报，带领复国大军，前去攻打

寒浇的封地过邑，攻占了过城，杀死了寒浇。

寒浞在位的第五十九年，少康又命令长子杼领兵攻打寒戏的封地戈邑。寒戏更加不堪一击，结果被夏军击败。少康杀死寒戏，收复了戈邑。就这样，少康先后攻克了寒浞的两大封国，收复了夏朝原有的大部分国土。

接下来，少康率军攻打寒浞的老巢斟郡。这时的寒浞已经年近八十，别说打仗了，连站起来走路都困难。他的大臣们一看大势已去，为了给自己和家人留条活路，一起杀入宫中，把寒浞抓起来，打开城门迎接少康的大军。寒浞被绑起来拖到伯靡的面前，伯靡历数寒浞的种种罪状，然后将他凌迟处死。

少康复国成功后，把都城定在纶邑。他在少年时期经历过各种苦难，十分了解民间的疾苦。他吸取太康失国的教训，每天勤勤恳恳地处理政事，十分爱护百姓。国家在他的治理之下再次兴盛，这一时期也被称为"少康中兴"。

中兴：中兴指国家由衰退而复兴，有时特指恢复并非由本人失去的帝位。少康中兴是中国历史上首个出现以"中兴"二字命名的时代。秦朝和元朝是中国统一的朝代中既无盛世也无中兴的朝代。

夏桀的"快乐"人生

暴君夏桀

史上第一位暴君上线

夏朝到第十六位君主发继位的时候，已经开始走下坡路了。发四处访求贤士，想请他们辅佐自己。有一次，发出去打猎，正好遇到下雨，于是在附近的民宅里避雨。屋子里有一位老人，名叫**关龙逄**（páng）。发闲着没事，就和关龙逄闲聊起来。结果这一聊不得了，他发现关龙逄的见识与众不同，是个难得的人才。发回宫后，把关龙逄接到朝廷为官，还提拔关龙逄为相。关龙逄果然不负众望，辅佐发把夏朝治理得井井有条。

夏王发去世后，他的儿子桀继位。桀不是这位帝王的真名，而是灭亡夏朝的商汤给他的谥号，意思是"凶狠"，一听就不是什么好话。夏桀的本名叫**癸**（guǐ），也叫履癸。他文采出众，武艺高强，能够赤手空拳和虎豹格斗，还能徒手扳直手腕粗细的铜

37

钩，可以说是文武双全。夏桀登上王位以后，他"快乐"的生活就开始了。

夏桀身强力壮，很喜欢打猎，继位以后，他又迷上了比打猎更刺激的"游戏"——打仗。他当了夏王不久，就出兵讨伐有施氏。小小的有施氏哪里抵挡得住夏朝的大军，很快就投降了。为了表示投降的诚意，有施氏在国内挑选了一位叫**妹**（mò）**喜**的美女，然后在她身上装饰了各种珠宝，进献给夏桀。夏桀见了浑身珠光宝气、美丽动人的妹喜，眼睛都看直了，立刻下令撤兵回国。

夏桀得到妹喜以后，对她非常宠爱，觉得自己以前的宫室都太寒酸，配不上这位绝色佳人。于是他下令召集大量民夫，不惜工本，建造了一座豪华宫殿，供妹喜居住。这座宫殿高得让人不敢仰视，就好像快要倒下来似的，所以叫"倾宫"。宫殿都这么豪华，里面的装修那也不能掉了档次啊。倾宫里的床榻、器具，全都是用美玉和象牙做成的，然后用珍珠和宝石进行装饰，奢华异常。

住房条件上去了，吃的自然也不能马虎。夏桀吃的蔬菜只能是西北居民种出来的，吃的鱼只能是从东海里打捞出来的，做菜用的佐料只能是南方供奉的。

为了讨好妹喜，夏桀可以说已经用尽全力了。可是妹喜依然觉得不快乐，总是怀念自己的家乡，怀念和父母在一起的时光。为了缓解妹喜的思乡之情，夏桀命人在宫中模仿有施氏房屋的样子，建造了许多新房子，还在周围种上各种奇花异草。每当妹喜思念家乡的时候，夏桀就会带着她到这里来游玩，以缓解妹喜的思乡之苦。

　　夏桀还派人搜罗了许多美女，让她们练习歌舞，供自己和妹喜欣赏。每当妹喜不开心的时候，夏桀就会命人演奏音乐，逗妹喜开心。这一天，妹喜又开始思念家乡，眉头紧锁。夏桀花了好些心思，都没法让妹喜露出灿烂的笑脸。这时，突然传来

"刺啦"一声，不知谁的衣裳撕破了。妹喜听到这个声音，突然难得地露出了笑容。

夏桀顿时来了灵感，让宫女们搬来一匹匹缯布，没事就让宫女们撕扯这些布匹，发出"刺啦、刺啦"的声音，希望逗妹喜开心。总之，对夏桀来说，妹喜幸福，他就是快乐的，为妹喜付出再多也值得。

夏桀喜欢喝酒，就命人修建了一个巨大的酒池。这个酒池有多大呢？有时夏桀心血来潮，会坐着船，船上载满美女，在酒池中划船玩耍。夏桀还经常在宫中举行盛大的宴会，同时招待三千多人吃喝玩乐。玩得高兴了，夏桀就命令文武百官和参加宴会的人，伸着脖子在酒池中喝酒。

后来，夏桀发明了更残酷的"玩法"——**炮烙**（páo luò）之刑。他命人在一根大铜柱上涂上厚厚的膏油，铜柱的下方烧着旺盛的炭火。夏桀让侍卫把罪犯带上大殿，命令罪犯在铜柱上行走。因为铜柱上涂了膏油，十分光滑，罪犯一不小心就会跌入炽热的炭火之中，发出悲惨的叫声。夏桀和妹喜在一旁看着，开心得哈哈大笑。

死谏也没有用

当然，夏桀的日子也不总是这么顺心，老有人想破坏他愉快的心情。

有个负责天文历法的官员，名叫终古。他见夏桀这样荒淫奢侈，担心这么闹腾下去，夏朝早晚会灭亡，就进宫边哭边劝道：

“大王，如果您再这样下去，我们的国家就要灭亡了！”

夏桀听了，哈哈大笑着说：“你瞎操什么闲心啊！我就好比是天上的太阳，太阳能从天上消失吗？如果太阳能从天上消失，我也许会亡国。”终古听了夏桀的狡辩，知道他迟早会丧命，连忙带着家小跑到商国避难去了。

商国国君商汤得知终古来投靠自己，高兴得手舞足蹈，对大臣们说：“夏王昏庸无道，重用小人，却让忠臣受到羞辱；他轻视百姓，只顾自己享乐，逼得终古这样的良臣都跑来投奔我了。”对商汤来说，他得到了一个贤才；对夏桀来说，他只是少了一个打扰自己享乐的人。

夏桀这么奢侈浪费，再多的钱也不够花呀。于是他召集天下诸侯在有仍国会盟，要求各诸侯国增加每年的贡品。大部分诸侯不敢违背夏桀的命令，只得勉强答应了。只有有缗氏的国君不肯答应夏桀的乱摊派，没等会盟结束，就愤然离席而去。

夏桀恼羞成怒，马上宣布会盟结束，然后带领大军去讨伐有缗氏。有缗氏哪里是夏桀大军的对手，很快就被夏桀灭了国。这样一来，诸侯们人人自危，只好增加贡品，供夏桀享用。

大臣关龙逄见夏桀如此胡作非为，实在看不下去了，就手捧黄图觐见。所谓黄图，就是记载夏朝先王丰功伟绩的图画，供后世的君主查阅，用来提醒他们不要忘记祖先创业的艰辛，好好对待百姓。

关龙逄见了夏桀，打开黄图，说：“我朝自大禹起，各位先王都是爱民节俭的！大王请看这黄图，上面所画的历代帝王，哪一个不是勤劳俭朴，爱惜民力？希望大王顾念祖先的艰难，继续

先王的事业，不要再这么奢侈了！"

夏桀听关龙逢这样说，好心情顿时全给破坏了，不由得勃然大怒道："从前是从前，现在是现在。这种破旧的玩意儿，留着有什么用！"说完，他一把扯过黄图，扔进火盆中烧了。

关龙逢性格倔强，看夏桀发火了，也不体会一下夏桀的心情，居然哭着劝谏起来，说："做王的人，一定要勤政爱民，尽心处理国事，这样才会得到百姓的爱戴。现在大王不肯向祖先学习，一定要弄到国破家亡才肯罢休吗？"

夏桀听了，气得暴跳如雷，呵斥道："你竟敢口出狂言，公然诅咒我夏朝，简直是大逆不道。刚才你让我看了黄图，现在我也让你看点儿好东西。"

夏桀命人拖来大铜柱，准备在关龙逢面前演示一下炮烙之刑。很快，一个犯人被带上来，被迫在涂满了膏油的铜柱上行走。不一会儿，那个犯人就惨叫着倒在了炭火中。夏桀想用这种卑劣的手段吓唬关龙逢，希望他知趣点儿，闭上嘴，不要乱说话。

看到这里，夏桀故意问关龙逢："你看到这种刑罚，觉得快乐吗？"

关龙逢面无表情地回答说："臣觉得很快乐。"

夏桀听了，就面带讥笑地问："你天天劝我施行仁政，为什么观看酷刑会感到快乐呢？"

关龙逢说："天下人认为最痛苦的事情，大王您却认为是最快乐的。我是您的臣子，您快乐我就快乐。"

夏桀听出关龙逢这是在挖苦自己，就阴森森地笑着说："既然你这么喜欢说话，我就给你一个机会，说说对我的看法。说

得好，我就放了你。说得不好嘛，那就请你也走一下这个铜柱子吧！"

关龙逢毫不畏惧，大义凛然地说："我看啊，您的头上挂着块大石头，脚下踩着春天的冰，石头马上就要掉下来了，冰马上也要融化了，大王离灭亡不远了。"

夏桀听了，咬牙切齿地说："爱卿啊，你说我就要灭亡了，可惜你是看不到那一天了，因为我现在就要灭了你！"说完，夏桀就命人对关龙逢施以炮烙之刑，处死了关龙逢。

从此，再也没有大臣敢来阻止夏桀了。

桀骜不驯：形容性情凶暴，不听从管教。桀骜，性情暴烈、倔强。语见清朝文康《儿女英雄传》第十八回："到了五六岁上，识字读书，聪明出众，只是生成一个桀骜不驯的性子，顽劣异常。"

首个灭亡的朝代

商汤灭夏

仁君是这样的

夏桀对自己拥有的一切毫不珍惜，可是与此同时，有人正在默默地努力，想要取代他。这个人就是商汤。

商汤和夏桀的行事风格迥然不同。有一次，商汤外出时，看见一处茂盛的林子里，一个农夫正准备捕捉林中的飞鸟，东南西北四面都挂着网。按常理说这和商汤没什么关系，可是他见了以后，就说："只有残暴的夏桀才会做这样的事啊！要是这样张网的话，林中的飞鸟会被捉完的！这实在是太残忍了。"商汤叫人把张挂的网撤掉三面，只留下一面。他对那个农夫和身边的人说："我们对待鸟兽，也要有仁德之心，不能捕尽捉绝。"

百姓听说这件事以后，都说商汤是一个有德之君。一些受夏桀欺凌的小部落纷纷归顺商汤。

葛国（今河南宁陵附近）紧邻商国，非常贫穷弱小，国君葛

伯不理政事，也从不祭祀天地、祖先。在那个年月，人们都相信天地有灵，崇拜祖先，祭祀天地、祖先可是头等大事。商汤就派使者去责问葛伯为什么不祭祀天地、祖先，谁知葛伯一见使者就开始哭穷，说自己连饭都快吃不上了，连用来当祭品的牲口都没有。商汤听了善心大发，送给葛伯一批牛羊。葛伯收下牛羊后，又说缺少粮食，没法进行祭祀。商汤好人做到底，又派年轻力壮的人去帮葛国人耕种，再派年老体弱的人给他们送饭。不料送饭的人走到半路，就被葛伯的手下抢去饭菜，其中一个人还被杀害了。

这下商汤发怒了，下令攻打葛国。出兵前，商汤下令绝对不能抢掠当地百姓，不能干扰百姓的正常生活。随后他颁布命令，废除葛国一切刑法，把葛国原来规定的缴纳收成四分之一的田赋，改为只需缴纳收成的十分之一。因此，葛国百姓不但不怕商汤，反而高兴地迎接商汤的军队。

紧接着，商汤又把豕韦、顾、昆吾这三个夏属国一一消灭，进一步孤立夏桀。据说商汤征讨东方部落的时候，西方的部落就埋怨他；向南征讨的时候，北方的部落就埋怨他。埋怨他什么呢？埋怨他为什么不先来解救自己的部落。

绑票事件引起恐慌

夏桀听说商汤在不停地征服周围的小国，声望越来越高，开始害怕起来，就下令召商汤来夏台议事。商汤一到夏台，夏桀就把他软禁起来了。商汤的大臣伊尹十分着急，搜集了大量奇珍异宝，以及美女百名，派了一位能说会道的使者把这些珍宝和美女送到夏桀那里。

使者拜见夏桀，说商汤一直很尊重夏桀，讨伐各地的小诸侯，无非是因为他们反对夏桀的领导。接着，使者献上了珍宝和百名美女。夏桀高兴坏了，马上下令把商汤放了。

夏桀对商汤这一抓一放，可把各地诸侯都吓惨了。在他们看来，夏桀这完全是公开绑架，然后勒索大笔赎金啊。今天是商汤，明天轮到谁还说不定呢。于是，他们纷纷前来投奔商汤，表示愿意帮助他一起对付夏桀。

出兵必须有理由

商汤见时机已经成熟，就和伊尹谋划着起兵讨伐夏桀。伊尹说："别着急，我们先暂停向夏桀朝贡，看看他有什么反应。"夏桀整天花天酒地，都是靠剥削百姓和各诸侯国才弄来那么多钱。商汤不进贡了，夏桀的收入减少了很大一部分。夏桀大怒，马上召集九夷部落的军队，前去讨伐商汤。

伊尹接到消息后，对商汤说："夏桀还能调动九夷部落的军力，看来他还很有势力，现在还不是讨伐他的时机。"商汤连忙准备好贡品，派人去向夏桀请罪。夏桀一见贡品到手，也不想打仗，就让九夷部落的军队回去了。九夷部落的军队白跑一趟，什么好处都没捞到，十分不满。

到了第二年，商汤又故技重演，不向夏桀朝贡。夏桀大发雷霆，再次征调九夷部落出兵讨伐。九夷部落的首领这次学聪明

了，根本不理会夏桀。伊尹得知九夷部落不肯出兵，就对商汤说："夏桀已经失去号召力了，现在可以出兵讨伐他。"于是商汤率领人马，正式出兵讨伐夏桀。

夏桀见九夷部落不肯出兵帮自己，只好亲自带领军队出征。商汤得知夏桀亲自率兵前来，也是相当谨慎，在鸣条扎营，准备和夏桀展开决战。

伊尹对商汤说："夏军虽然人数众多，但很久没打仗了，不用怕。只是我军士卒的士气不足，还需激励他们一番才行。"

商汤吃惊地问："我军自出兵以来，对手无不望风归服，怎么会士气不足呢？"

伊尹说："我军虽然连战连胜，但打败的都是些小国。夏桀虽然十分暴虐，但他毕竟是夏朝的王。自大禹以来，夏朝的统治已有四百多年，我们必须说明夏桀的罪行，然后再去讨伐他，让众将士知道正义在我们这边。"

商汤听了，觉得很有道理，就和伊尹商议一番，写了一篇出师誓言。这篇出师誓言，就是著名的《汤誓》。在大战开始前，商汤宣读了《汤誓》，他说："诸位请听我说，并不是我们目无纲纪，以臣子的身份讨伐君主，实在是因为夏王的累累罪行已经惹得天怒人怨。夏王经常在农忙季节征调百姓服役，强行占有百姓的劳动果实，榨尽了百姓的血汗。他还强迫诸侯进献财物，谁不服从就征讨谁。如今天下百姓陷于水深火热之中，大家一起咒骂夏王，甚至愿意与他一同灭亡。他犯下无数罪行，今日我顺应天命率领大家前去讨伐他。如果你们能够助我灭夏，我一定会给予赏赐；要是谁不服从命令，临阵逃脱，我一定严惩！"

全军将士听了以后，顿时士气大振。双方一开战，伊尹就指挥大军朝夏桀的军队扑去，夏朝大军这边则是夏桀亲自督战，士兵也不敢后退。双方杀得天昏地暗，日月无光。突然，狂风大作，雷声隆隆，大雨倾盆而下。商汤的军队久经沙场，士气旺盛，夏桀的军队却开始害怕，勉强招架一番，就落荒而逃。商汤大获全胜，带着将士们紧紧追赶。夏桀一路逃到南巢，商汤才停止追击。商汤不想落个杀害君主的名声，就放了夏桀一马，夏桀最后死在了南巢。

商汤得胜以后，回到自己的封地，天下诸侯纷纷前来朝贺。短短几个月的时间，前来拜会商汤的诸侯竟有三千多人。商汤对诸侯们以礼相待，和他们平起平坐。诸侯们一看商汤如此谦逊，对他更加佩服，于是全力拥护他登上王位。商汤见时机成熟，就正式称王，宣布把都城定在亳（今河南商丘东南）。

就这样，夏朝成为中国首个灭亡的王朝。商朝取代夏朝，开启了一个崭新的时代。

追根溯源　伊尹负鼎：也叫负鼎之愿。商朝时，伊尹曾背负鼎俎见汤，后遂以"负鼎"来代指想担负辅佐君王大任的愿望。后用来比喻寻求机遇，求得帝王赏识和任用。出自司马迁的《史记·殷本纪》。

伊尹是个好帮手

贤臣伊尹

有心机的厨师

据说伊尹的父亲是位手艺高超的厨师，母亲则是住在伊水之上的采桑女。当时商汤娶了有莘国的公主为妻，伊尹以陪嫁奴隶的身份来到商汤身边。伊尹不仅做得一手好菜，而且学识渊博。

当时夏桀闹得越来越不像话，夏朝岌岌可危。商汤正在广招贤才，想要推翻夏桀残暴的统治。伊尹则想寻找合适的机会，把自己推荐给商汤。

这几天，商汤吃饭的时候，发现饭菜不是淡得没有一点儿咸味，就是咸得发苦。商汤很生气，就命令把做饭的厨师找来。这个做饭的厨师就是伊尹。商汤对着伊尹发了一通脾气，认为他做菜实在太不用心，根本不配当厨师。

伊尹不慌不忙地说："我知道做菜不能太咸，也不能太淡，只有把佐料放得适当，吃起来口感才好。我这几天做的菜有时咸有时淡，是想借此提醒您，治理国家就像做菜一样，既不能太心急，也不能太随意，只有恰到好处，才能管理好国家。"

商汤听了大吃一惊，没想到一个奴隶竟会讲出这么深奥的道理来。商汤和伊尹一番交谈后，觉得伊尹的见解不同寻常，是位难得的人才，当即解除了伊尹的奴隶身份。

伊尹对商汤说："如今夏桀荒淫无道，您应该趁机积聚力量，寻找机会推翻夏桀的统治。"

商汤说："夏桀虽然是个无道的昏君，但夏朝毕竟延续四百多年了，现在要是起兵去讨伐夏桀，恐怕百姓不会接受。你如此贤能，在我这里实在是屈才了，我将向夏王举荐你！希望你能好好辅佐夏王，为天下百姓造福。"

于是商汤给夏桀写了一封信，对伊尹大加赞赏，然后他让伊尹拿着信去见夏桀。夏桀整天不理朝政，见是商汤推荐的人，就胡乱封了伊尹一个小官。伊尹也曾劝过夏桀，让他宽厚地对待百姓，可是夏桀根本连听都懒得听。

伊尹见夏桀无可救药，就暗暗观察朝廷的局势，了解夏桀平常的所作所为。当他把夏朝上上下下的情形都了解清楚后，就辞去官职，回到商汤身边。商汤这哪里是向夏桀推荐人才，明明就是在夏桀身边安插了一个卧底啊。

商汤在伊尹的帮助下，大力发展生产，征讨周边不服从的诸侯，变得越来越强大，最终灭了夏朝，建立了商朝。伊尹又帮助商汤制定了各种典章制度，还要求大小官吏勤勉地工作，为百姓

造福，否则就要受处罚，甚至是罚作奴隶。因此，商朝初期，大大小小的官员都遵纪守法，勤奋工作，商朝出现了社会安定、经济繁荣的局面。

太甲"停职反省"了

商汤和他的继位者太丁去世后，伊尹辅佐商汤的次子外丙继位。外丙即位仅两年就死了，伊尹又立外丙的弟弟中壬为王，中壬即位四年后也病死了。那时商汤的长孙太甲已经长大成人，伊尹就扶立太甲为新的商王。

至此，伊尹已经辅佐了四位君王，在朝廷中有着很高的威望。伊尹亲自辅佐商汤推翻了夏桀，深深知道君主的品行不好，会危及王朝的生存。太甲即位后，伊尹对他的教育更是不敢放松，整天教导他应该如何爱护百姓，怎样处理政事，还把夏桀亡国的教训反复讲给他听。

太甲自登上王位后，开始喜欢吃喝享乐、观看歌舞，对伊尹的劝诫变得越来越不耐烦。只因伊尹是开国功臣，辅佐过三位君主，自己又是伊尹扶立的，所以才忍着没发作。他对伊尹的话左耳进右耳出，每天该吃吃，该喝喝，该看歌舞就看歌舞，该去打猎就去打猎。

眼看太甲登基三年了，坏习惯不但没改，还有变本加厉的趋势。伊尹心想："大王这样下去可不行，年纪轻轻的就已开始放纵自己，将来岂不是要变成第二个夏桀吗？不行，必须采取特别措施。"思来想去，伊尹决定让太甲"停职反省"。

伊尹宣布太甲暂时停止履行王权，将他流放到商汤墓地附近的桐宫去居住，让他在祖父墓前好好地反省一下。流放期间，一切国政由伊尹代为处理。这种流放其实是一种软禁，给太甲应该享有的待遇，只是不许他离开桐宫。

起初太甲十分怨恨伊尹，恨他夺取自己的权力，剥夺了自己幸福快乐的生活。可是慢慢地，因为没有地方可去，太甲每天面对着祖父的墓园，想起祖父当年创业的艰难，又想想自己以前花天酒地的生活，终于意识到自己的错误，不再怨恨伊尹了。

太甲在流放期间，一边读书，一边思考，逐渐变成一个行动谨慎，思想沉稳，勤奋努力的人。转眼间，三年过去了，伊尹发

现太甲确实认识到了自己的错误，有了很大的改变，就亲自带着商王的冠冕朝服和车驾来到桐宫，迎接太甲回都城。

太甲见了伊尹，又感激又惭愧。他向伊尹道歉说："我过去太糊涂了，做了许多不该做的事，眼看要大祸临头了。多亏您的教导，让我明白了自己的错误，我以后一定不再违背您的教诲，做一个合格的王。"

伊尹连忙向太甲下拜，把太甲扶上车，带回都城，重新让他做起了商王。在伊尹的辅佐下，太甲励精图治，商朝变得更加繁荣。后来太甲去世，伊尹又辅佐他的儿子沃丁。沃丁在位期间，担任执政大臣五十多年的伊尹去世了。沃丁用君王的规格，把伊尹葬在商汤墓的左侧。

伊尹辅佐了数位商王，为商朝六百多年的基业奠定了坚实的基础，是中国历史上第一位贤相，被后人视为贤臣的典范。

商朝服饰： 商朝的服装，不论尊卑和男女，都是采用上下两段的形制，上面穿衣，下面穿裳，后世称服装为"衣裳"就是源自商朝。古代华夏族上衣下裳，束发右衽的装束特点就是在商朝形成的。

终于不用再搬家

盘庚迁都

迁都，必须迁都

商王中丁去世后，他的兄弟们为争夺王位打了起来。最后，中丁的弟弟外壬继位，可是其他弟弟仍然不服，继续战斗，结果造成了商朝一百多年的混乱局面。这一百多年里，叔侄之间、兄弟之间为了争夺王位，拼得你死我活。一连九位商王的继位，都是在混战中进行的，史称"九世之乱"。

这段时间，有时候王子们为了争夺王位打得太厉害，结果把都城打成了一片废墟，这时就不得不迁都；有时候赶上发大水，都城被洪水淹没了，也要迁都；有时候外族趁商朝内乱来抢东西，还是要迁都。在商王盘庚继位前，商朝的国都已经迁移五次了。

大约公元前14世纪，商王阳甲去世，阳甲的弟弟盘庚继位。

盘庚继位的时候，商朝的国都位于黄河以北的奄（今山东曲阜）。当时，商朝经过多年的动乱，国力衰微，各地的诸侯也不来朝拜商王了。

盘庚是一个有理想、有道德、有抱负、有决心的青年，他想改变商朝日渐衰落的局面。可是令盘庚感到泄气的是，经过十几年的不懈努力，商朝的局势不但没有好转，反而变得更糟了。

各地的诸侯趁着商朝内部混乱之际，不断发展壮大，经常不服从商王的命令；商朝的那些王公贵族整天只知道吃喝玩乐，忙着争权夺利，不管国家的安危，不顾平民百姓的死活；生活在水深火热之中的平民百姓纷纷起来反抗，整个社会动荡不安。如果再这样下去，商朝可就要灭亡了。

盘庚思来想去，最后实在是没办法，只能用绝招了——迁都。因为在旧的都城内，贵族们的势力盘根错节，他们互相勾结，把持朝政。如果迁都的话，在新的都城，一切都可以由商王来重新安排。这样，盘庚就可以任用自己信任的人，把权力掌握在自己手里，然后改革朝政，让商朝走出困境。迁都，也就相当于让整个王朝"重新启动"一次，使国家机器再次正常运转。

盘庚派两位大臣去寻找适合建立新都城的地方。这两个人出去两年了还没有回来，盘庚十分担心。这一天，派去寻找新都地址的两位大臣回来了，他们向盘庚报告，在考察了好几个地方后，最后发现殷（今河南安阳小屯村）是个好地方。那里位于黄河以南，土地肥沃，离旧都奄比较远，既不会受黄河泛滥的影响，又有洹（huán）河可以灌溉田地，可谓是一块风水宝地。

盘庚听了十分高兴，就向臣民们宣布了迁都殷的决定。这一下，朝中上下立刻炸开了锅，盘庚的决定几乎遭到贵族和平民百姓的一致反对。大多数贵族贪图安逸，不愿意搬迁；平民百姓留恋家乡，不舍得搬离。那些有势力的贵族就煽动平民闹事，反对盘庚迁都的决定。

盘庚面对强大的反对势力，并没有动摇迁都的决心。他把那些反对迁都的贵族找来，苦口婆心地劝说他们："我要你们搬迁，是为了使我们的国家安定。你们不但不理解我的苦心，反而挑动平民百姓闹事，太不像话了。你们想要改变我的心意，这是办不到的。"那些贵族听了，依然我行我素。

商朝时期，人们都迷信，尊敬祖先。盘庚见好言相劝没人理会，于是打出"天命"和"先王"两面大旗，用来说服那些反对搬迁的人。盘庚对那些不愿搬迁的贵族说："以前你们的先人侍奉商朝的先王，都非常顺从。现在你们不听话，不肯跟随我搬迁，商朝的先王就会在地下告诉你们的先人，让他们来收拾你们，到时候你们后悔可就晚啦！"经过盘庚这么一吓唬，那些迷信的贵族害怕遇到麻烦，只得同意搬迁。

还有一小部分不怕老天爷也不怕鬼神的贵族，铁了心要当"钉子户"，坚决不肯搬迁。对于这些人，盘庚毫不手软，派人强行拆迁，帮他们搬家。盘庚还下令说："现在我的计划已定，谁要是不从，我就割谁的鼻子，灭了他的家族。"这样一来，那帮"钉子户"也坚持不下去了，只好跟着大家一起搬到新都城。这一次迁都，史称"盘庚迁殷"。

这些贵族来到殷地后，一看这里到处是荒地，一切都要重新

建设，过惯了安逸生活的他们根本吃不了这个苦。平民百姓到了一个新地方，很多方面都不适应，纷纷要求迁回老家。这一下，新都城内外人心浮动，流言满天飞。

　　盘庚再度把王公贵族和大臣们叫来，做起了他们的思想工作："我是根据先王的法度来办事，没有失德之处。大家既然已经来到这里，就不要再闹了。我是不会再迁回旧都去的。国家治理好了，那是大家的功劳，我一定不会亏待大家；国家治理得不好，是我一个人的过失，我不会埋怨你们。从今以后，你们努力做好分内的事，不许再搬弄是非！"经过盘庚这么软中带硬的一通说

教，王公贵族们彻底死了心，再也不敢提回旧都的事情，只好和盘庚一起建设新家园。

打铁还要自身硬

盘庚处处以身作则，他居住的宫室非常简朴，王宫的一切开销用度也尽力节省。盘庚还亲自带领平民百姓开垦土地，播种庄稼，种桑养蚕，建屋植树。几年之后，一个新的都城就建成了。

都城的建设属于"硬件"，盘庚还加强了"软件"的开发，在这里制定了新的制度。他规定，不管贫富贵贱，只要是犯了重罪就处死，立了大功就封赏；他还告诫大小官员们不要贪污受

贿，不要横征暴敛，一定要善待平民百姓。为了削弱旧贵族的权势，盘庚在商王之下，设冢宰（或称师尹）；下面再设卿士，如司徒、司空、司寇、司马等，这些人都对冢宰负责；卿士各有僚佐，总称"多尹"或"百僚"；多尹之政则有分掌庶务的"多宰"或小臣。他们构成等级阶梯，职位通常世袭。官员们有了明确的职责，互相监督，就不敢随便做坏事了。经过这一番改革，商朝的社会矛盾大大缓解，局势逐渐稳定下来，"九世之乱"以来的各种混乱现象终于结束了。

自从盘庚迁都以后，商朝的政治、经济和文化都有了很大的发展，衰落的商朝出现了复兴的局面。在这以后的两百七十多年，商朝没有再迁都，所以商朝又被称作殷商或者殷朝。

殷墟：殷墟是中国商朝后期都城遗址，位于河南省安阳市。20世纪初，殷墟因发掘甲骨文而闻名于世，1928年，开始发掘殷墟，出土了大量都城建筑遗址和以甲骨文、青铜器为代表的丰富的文化遗存。2000年，考古界评选"中国20世纪100项考古大发现"，殷墟以最高得票数名列第一。

奴隶也能当宰相

武丁和傅说

喜欢在民间生活的太子

盘庚去世后，他的弟弟小辛继位，做了商王。小辛即位后，贪图享乐，把盘庚制定的许多好政策都废弃了，商朝渐渐开始衰落。

当时，商朝周围有很多强大的部族，南面有虎方，东面有夷方，北面有鬼方及羌方。这些部族有事没事就跑到商朝的境内抢东西，有的甚至一度打到都城附近。国家都成这样了，那些贵族老爷依然整天忙着争权夺利，过着奢靡的生活。

小辛去世后，他的弟弟小乙继位。小乙在位时，任用贤人甘盘为卿士，帮助自己处理朝政，总算让商朝有了点儿起色。小乙为了培养太子武丁，让甘盘做了太子的老师。小乙还鼓励武丁到民间去了解平民百姓的疾苦，不要整天待在宫里吃喝享乐。

　　武丁为了了解平民百姓真实的生活，就独自搬到一条小河边居住。在这里，他和农夫交谈，和渔夫交朋友，了解他们的生活状况，掌握的都是第一手资料。

　　武丁这时才发现，如今平民百姓的日子过得太苦了。一旦遇到灾荒年份，他们就要卖儿卖女，甚至不得不把自己卖为奴隶；犯了罪的人要像奴

隶一样去做苦工，奴隶的日子那就更苦了。武丁认为，商朝必须要来一次彻底的改革，才能复兴。要想搞改革，就必须有合适的人才帮忙才行。

这一天，武丁来到傅岩（今山西平陆东），忽然看见前面有一队人正用木板夹着泥土加固山边的小路。武丁仔细一看，这些人都穿着犯人的衣服，胳膊上还绑着一根粗绳，几十个人连成一串。他们不停地劳作着，旁边还有许多士兵看守。武丁顿时明白了，这是些犯了罪的平民，被罚做奴隶，正在这里做苦工。

武丁趁着这些奴隶休息时，走上前和一个年纪稍大的人攀谈起来。这个奴隶名叫**傅说**（yuè），本来是个平民，后来因为欠了

富人的钱还不上，结果被罚为奴隶，发配到这里来做苦工。他们从奴隶们的生活现状，谈到朝廷施政的得失。武丁发现傅说的许多见解和自己的完全一样，观点也非常犀利，不由得大吃一惊。他万万没想到，奴隶之中也有这样出众的人才。

武丁就问："先生见识不凡，为什么不出来为朝廷效力呢？"

傅说心想："这位小哥还真会开玩笑，你是完全搞不清我现在的状况啊。"他苦笑了一下，回答道："我只是一个学识浅薄的人，对国家的情况有一些了解。如今商朝已经开始走下坡路了，官员们不管平民百姓的死活。平民百姓身上背着沉重的赋税，整天劳作，却连饭都吃不饱。再这样下去，迟早会发生暴乱。我都被罚做奴隶了，哪里有什么机会为国家效力呢？"

武丁本来想把傅说推荐给父王，但他知道如果父王任命一个奴隶为大臣，肯定会遭到朝中那些官员的反对，这样反而对傅说不利。就在这时，那些士兵过来催促傅说去干活儿，武丁也就离开了。

先王"派来"的人才

公元前1250年，武丁登上王位。按当时的惯例，武丁要为父王守孝三年。在守孝期间，所有政事由冢宰代理。武丁在守孝的三年里，什么话也不说，只是默默地观察朝廷的动静，思考着治国的办法。他越发感觉到，朝中的大臣除了甘盘，就没有一个真正肯为国分忧的人，必须让傅说进入朝廷来帮助自己。可是贸然把一个奴隶提拔为大臣，必定会遭到贵族大臣们的反对。

武丁左思右想，突然间想到了一个好主意。

三年守孝期满以后，武丁正式开始处理政务。这一天，他对大臣们说："我自觉无德无能，不配管理天下。昨天天帝托梦给我，让我不要担心，自然会有人来帮我。这时，先王出现了，还带来一个人，说是赐我一位贤人，由他来辅佐我。"

商朝人非常迷信，群臣一听天帝和先王有最新的指示，连忙问："您梦中的这位贤人叫什么名字呢？您说出来，我们好去把他找来！"

武丁知道，如果直接说出傅说的姓名，这些人肯定会看出破绽，就说："他的姓名我不知道，只是依稀记得梦中他的相貌。"说完，武丁叫来画工，让他按自己的描述画了一幅画像，然后让大臣们去寻找。大臣们拿了画像，又照着画了许多份，派出大队人马去挨家挨户查找。

傅说是个奴隶，天天在工地上在做苦工，这些人怎么找得到呢？这一天，有个小官带着画像出城查访，走累了以后坐在路边休息，突然看到一群奴隶正在修筑山路。那个小官看到其中一个人，觉得非常眼熟，拿出画像一看，他居然跟画像中的人一模一样。他喜出望外，连忙报告武丁，说画像中的人找到了，还说那人是个奴隶。

武丁一听就知道找到的人正是傅说，于是装模作样地说："既然是上天和先王赐予我的贤人，必定有着特别之处。我应当备好礼物，亲自去请他来辅佐我。"那些贵族大臣见真的有人和武丁梦中的贤人长得一模一样，都以为是天意，哪里还敢反对。就这样，武丁把傅说从虞山接到都城，任命他为宰相。

武丁自从得到傅说辅佐，朝中的一切大事都会先和傅说商

议，傅说说行，他才命令大臣们去办。那些大臣早被傅说神奇的故事唬住了，当然是服服帖帖地办事。傅说做过奴隶，深知民间疾苦，因此在和武丁商讨国事时，首先想到的就是平民百姓的利益。武丁也以身作则，生活节俭，对平民百姓十分关心，经常警告贵族官员不能胡作非为。

在傅说和甘盘的辅佐下，武丁统治时期政局稳定，经济得到空前的发展，达到极盛。商朝的疆域达到前所未有的广阔程度，实际控制的地区西起甘肃，东至海滨，北及大漠，南达长江流域，可以说是当时世界上的超级大国。这一时期，被称为"武丁中兴"。

公元前1192年，武丁去世。他在位时间达五十九年，开创的繁荣时代则持续一百多年，是中国有记载的第一个繁华盛世。

知道 多一点

说感武丁：傅说贤能，感应武丁，在梦中觉知他的存在。说，指傅说。感，感应。传说，武丁梦见天帝赐予他良相，按照梦中的提示，画成人物像，让人按照画中人的样子去寻找，终于在傅岩的郊野找到了傅说。武丁任傅说为相，商朝由此中兴。

王后个个不寻常

武丁三配

武丁开创了商朝的全盛时代，他的个人生活也非常精彩。武丁一生总共娶了六十多个女子，但王后只有三位，分别是妇妌（jīng）、妇好和妣（bǐ）癸，被称为"武丁三配"。这三个女人，可以说个个都不寻常，全是厉害角色。

全能女管家妇妌

武丁的第一任王后妇妌是井方氏之女。武丁在位时期，井方氏和商朝关系密切，所以妇妌嫁给武丁后很受敬重。

井方氏实力强大，妇妌嫁给武丁后，每年都让井方氏率先向商朝进贡。其他诸侯国看到强大的井方氏朝贡商朝，自然也不敢怠慢，纷纷向商朝进贡，表示臣服。

井方氏进贡给商朝的一项重要物资就是龟甲。这龟甲可不简单，是占卜用的重要工具，也叫卜甲。商朝人迷信，有什么事总

要先占卜一下，问问上天的意见，看看上天是否批准。如果占卜的结果不好，那就表明上天不同意，事情就得马上停止。比如出兵打仗、签约结盟这样的大事，都要事先占卜；贵族们遇到婚丧嫁娶或者头疼脑热，也会先占卜一下，看看吉凶。占卜用的主要工具就是龟甲。商人还会把占卜的原因和结果刻在龟甲和兽骨上，那些文字就是甲骨文。

妇妌是个能力非常出众的女子，对种植粮食特别在行，经常亲自下田指导农业生产，可以说是一位女农业专家。妇妌负责管理国家的财物。

妇妌为武丁生了一个儿子，名叫祖己，深受武丁宠爱，被立为太子。后来，妇妌不幸生了重病。武丁在妇妌生病期间经常去探望，祖己更是亲自端汤送药服侍母亲，十分尽心，因此人们称他为"孝己"。

可惜的是，妇妌后来还是去世了。她死后的庙号为"戊"，祖己为母亲造了一口大鼎，这口大鼎上刻有妇妌的生平事迹，它就是赫赫有名的"后母戊鼎"。

勇猛的女战神妇好

妇妌去世后，武丁又续娶了一位妻子，名叫妇好。妇好不但十分聪明，有着超乎寻常的智慧，她还是中国历史上有记录的第一位女将军。

妇好曾用过一件兵器，重达九千克，足见她的力气有多大。这件兵器名叫钺，和斧头差不多。在我们的印象中，使用斧头的将领，一般都是像李逵、程咬金这样膀大腰圆的厉害角色。妇好用的兵器和他们的差不多，由此可见她的勇猛。不过，千万不要以为妇好是一位五大三粗的女子，根据科学家复原的妇好相貌图来看，她可是一位不折不扣的大美女呢。

有一年，北方的少数民族鬼方入侵商朝的边境，武丁派去征讨的将领接连吃了败仗。妇好主动请战，要求带兵前去征讨鬼方，武丁听了大吃一惊，决定先占卜看看。结果卦象显示大吉，武丁这才同意让妇好带兵前去攻打鬼方。结果，妇好率军大获全胜，解决了武丁的心头大患。

之后，妇好率领军队四处征伐，连战连胜，先后击败了北土方、南巴，以及鬼方等二十多个小国，为商朝开疆拓土立下了不朽的战功。其中，在对羌方一役中，武丁将一万三千多人的军队交给妇好指挥，这可是商朝一半以上的兵力。这场战役是武丁时期出兵规模最大的一次，最终商朝大获全胜，彻底解除了西北边境的威胁。

妇好还是一位有智慧的将领。有一次，武丁前去讨伐巴方。妇好料定巴人会战败，就事先设好埋伏，阻断了巴人的退路。果然，巴人挡不住武丁的进攻，败退下来。这时妇好的伏兵趁机杀了出来，拦住了他们。武丁的追兵随后赶到，和妇好的军队一起围住了巴人，将他们全部歼灭。据说这是中国战争史上有记录以来最早的伏击战。

妇好立下赫赫战功，武丁论功行赏，给了她一块封地。妇好成为商朝第一个拥有自己封地的女子。在自己的封地上，妇好有权处理封地范围内的一切事务。她还向丈夫武丁定期交纳贡品，

一切都按照君王和诸侯的关系来处理。在她的封地上，她拥有自己独立的军队三千余人——在那个年代，一个普通小国的全部兵力也不一定能够达到这个数目。为了管理自己的封地，妇好还经常向武丁请假，离开王宫，去封地巡察。

心眼多的王后妣癸

　　武丁的第三位妻子妣癸非常聪颖能干，治理后宫很有一套，因而很受宠。妣癸为武丁生了一个儿子，起名儿叫祖甲。武丁老来得子，自然对祖甲十分宠爱。妣癸是王后，就想方设法让武丁立自己的儿子祖甲为太子。

　　有一天，武丁生了点儿小病，妣癸带着祖甲服侍在武丁身边，却故意不让太子祖己知道武丁生病的消息。武丁非常生气，

认为祖己根本不关心自己。他病好以后，就渐渐疏远了祖己。后来，武丁想起自己当年在民间体验生活的经历，就让祖己也去民间游历。祖己却认为武丁是有意把自己赶出都城，又害怕又委屈，不久就病死了。

祖己去世了，武丁想立祖甲为太子，无奈前面还有妇好生的儿子祖庚，按规矩应该由祖庚来当太子。祖庚早已明白父王的意思，看到哥哥祖己的下场，就极力谦让，不肯接受太子之位。武丁很想立祖甲为太子，可是一想起和妇好度过的那些峥嵘岁月，想起她为商朝立下的汗马功劳，又有点儿犹豫。

祖甲知道祖己的死和母亲有关，现在看到母亲又想让父王立自己为太子，心中十分不安。他怕母亲又去设计谋害祖庚，干脆向武丁请求，说自己想学习父王，外出游历，锻炼自己。然后，他不等父王和母亲同意，就收拾东西逃到民间去了。

姒癸也真是厉害，逼死一位太子，又害得自己的儿子离家出走。祖甲这么一走，自然也没人再来争夺太子之位了。过了几年，武丁去世，群臣一致拥立祖庚为王。后来，祖庚去世了，祖甲这才登上了王位。

考古大发现

后母戊鼎

后母戊鼎又称后母戊大方鼎、后母戊方鼎，是商周时期青铜文化的代表作，现藏于中国国家博物馆。后母戊鼎是迄今世界上出土最大、最重的青铜礼器，享有"镇国之宝"的美誉。

家和才能万事兴

周部落的兴起

惹不起我躲得起

商朝末年，周部落开始慢慢崛起。周人的始祖后稷是黄帝的后代，姓姬，名字叫弃。弃在孩提时代就非同凡响，立志当一个好农夫。别的小孩儿做游戏无非是玩泥巴或者做个小玩具，后稷小时候玩游戏就是栽麻种豆，看着这些农作物慢慢生长。等到长大成人，他种田的本领远超一般人。他能根据土壤的特点种庄稼，适合谷物生长的就种上谷物，适合蔬菜生长的就种蔬菜，农作物产量总是比别人的高。周围的人见了，都来向他学习种田的本事。尧知道他的名声后，提拔他当农师，负责主管农业。

后稷去世后，他的后人继承了他的事业。后稷的后代古公亶父（dǎn fǔ）成为周部落的首领，继承发扬了后稷的种田事业，深

受族人爱戴。

　　临近的熏育族看到周部落的田地肥沃，粮食产量高，人民安居乐业，就起了坏心，来攻打周部落。古公亶父擅长种田，打仗属于他的弱项，知道自己不是熏育族的对手，他就拿出财物向熏育族的头领求和。熏育族头领收了财物，心想："哟，这个周部落还真是有钱。"于是，他继续发兵攻打周部落。古公亶父心想："熏育族不肯罢兵，估计是上次财物送少了。"于是他又送去更多的财物，还献上了许多美女。熏育族头领一看，心想："哟，看来上次我还是要少了啊。"于是，熏育族继续出兵攻打周部落。

　　这一下，周部落的人全都怒了，想和熏育族决一死战。古公亶父心想："要是打得过，我还用得着送人送物给熏育族头领吗？真打起来，整个周部落都要被灭啊。"古公亶父当然不能这么说，他对大家是这么说的："熏育族实在是没良心，送再多东西都不会满足。既然他们想要土地，那就给他们吧。百姓拥立君主，就是为了让君主为大家谋福利。现在熏育族打我们，如果让族人为我去打仗，他们战死了，那就等于是我杀了他们，我不忍心这样做啊。我看啊，咱们还是搬家吧！"

　　古公亶父毕竟是首领，说话水平就是高。明明是被熏育族打得要跑路，这下倒成了他宽宏大量，为了族人的安危，不和熏育族计较。听了古公亶父的这番话，大家都被他全心全意为族人着想的精神感动了。古公亶父带着族人离开家乡，来到岐山脚下定居。其他部落的人得知古公亶父热爱和平、爱护族人的好名声，也纷纷跑来归附他。

　　古公亶父就带着大家在岐山脚下开始建筑城池和宫殿，把部

落成员分成几个邑落，又设立许多官职负责管理各种事务。就这样，周部落慢慢有了国家的雏形。

泰伯三让天下

古公亶父有三个儿子，长子叫泰伯，次子叫仲雍，小儿子叫季历。季历有个儿子叫姬昌，也就是后来的周文王。他从小就聪明过人，才华出众，深得古公亶父的喜爱。古公亶父经常说："如果有人能振兴我们这一族，那个人应该是姬昌吧。"这句话的意思很明显，就是想让姬昌将来当周部落的首领啊。可是姬昌的父亲季历是老三，前面还有哥哥泰伯和仲雍，真要按规矩来传位，怎么也轮不到姬昌。

泰伯和仲雍都是大孝子，他们知道父亲的心思，不想让父亲为难。这一年，古公亶父生病了，泰伯和仲雍说出去给父亲采药，其实是带着家人往南方去了。古时候不像现在有药店，得病了得上山去采药来治病。泰伯和仲雍走后就没回来，古公亶父派人去找也没找到，只好由他们去了。

后来古公亶父去世，周部落的人就拥立季历当了首领。季历当首领没多久，泰伯和仲雍得知父亲去世的消息，回来奔丧。季历请求泰伯来当首领，泰伯坚决不接受。如果他想当首领，当初就不会跑了。给父亲办完丧事后，泰伯就带着二弟仲雍再次离开了。

季历一心推行仁政，周围的大小部落都来归顺他，周部落的实力越来越强大。季历率兵极力向东发展，歼灭了东边的程国

（今陕西咸阳市东），打败了义渠等北方一带的戎人，缴获了大量财物，俘虏了许多士兵，成为商朝西部一个强大的方国。

季历将获得的大量战利品献给商王文丁，想让商王看看自己有多威风。商王文丁一看，季历这么厉害，照这个势头发展下去，早晚会是个祸害啊。于是他以封赏为名，把季历叫到都城来，封季历为"牧师"，成为商朝在西方最重要的一位方伯。季历高兴地去领赏，结果到了都城才发现自己走不了了。文丁命人将季历软禁起来，季历很生气，绝食抗议，可是根本没人理会他。结果季历抗议失败，把自己饿死了。

得知弟弟季历去世，泰伯又带着弟弟仲雍返回岐山奔丧，姬昌再次请求泰伯当首领。泰伯当初离开就是为了完成父亲的心愿，让姬昌当首领，当然不肯接受。就这样，周部落的首领之位终于传到姬昌的手上，完成了古公亶父的心愿。后来人们说起泰伯三次推辞做首领的事，都说"泰伯三让天下"。俗话说"家和万事兴"，正是因为泰伯的谦让，才有了后来周文王和周武王的成功。

办完季历的丧事后，泰伯带领仲雍再次离开。他觉得老是这么你推我让怪麻烦的，于是决定走得远远的，来到几千里以外长江以南的梅里（今江苏无锡梅村）定居下来。那时的江南地区还十分荒凉，文化也比较落后，当地人还保留着断发文身（剪短头发，在身上文各种图案）的习俗。泰伯和仲雍为了表示不再回去的决心，就学着当地人断发文身，像当地人一样生活。

泰伯和仲雍引导当地人兴修水利、养蚕种谷，使原本落后的江南得到发展。泰伯也因此受到当地人的爱戴，人们拥立他为当地的君主，尊称他为吴太伯。

再说姬昌当了首领以后，继承祖父古公亶父、父亲季历善待百姓的做法，大力发展经济。他让农民耕种公田，只上交收成的九分之一作为税收；做生意的人来了，不收他们的税；有人犯罪了，家属也不用跟着连坐。姬昌自己则穿着普通人的衣服，经常到田间劳动。周部落在他的治理下日渐强大。

历史趣多多

农业始祖后稷

在古老的中国民间传说中，后稷被称为农业始祖。相传他的母亲是炎帝后裔有邰氏的女儿姜嫄。姜嫄因踩巨人足迹而生子，人们认为这个婴儿不祥，姜嫄三次想丢弃他，但都没成功，于是给孩子起名儿叫弃。弃从小就喜欢农艺，长大后遍尝百草，掌握了农业知识，就在教稼台讲学，指导人们种庄稼，传播农耕文化，是远古时期的一位大农艺师。

商朝走了下坡路

残暴的纣王

不交钱就让象军踏平你

就在周部落不断发展壮大的时候，商朝的最后一位王纣王即位了。

纣王力大无穷，仅用双手就可以打死猛兽，还能把九头牛倒拉着走。他的战斗力绝对不比打虎英雄武松差。纣王不仅身体健壮，头脑也不简单。他能言善辩，无论是多么不占理的事，都能说出三分理来，让那些想劝谏的大臣无可奈何。

纣王在位的前十年，在箕子、比干的辅佐下，减轻百姓的赋税徭役，鼓励发展农牧业生产，提倡冶炼铸造，国力不断增强。那时的商朝算得上是天下太平，国富民强，大家都对纣王充满了期望。

就在这个时候，纣王却"掉链子"了。他觉得自己已经成

功，应该轻松地生活，开始无心打理朝政、贪图享受起来。他这么一带头，那些贵族、大臣自然是有样学样，每天不是打猎就是观舞，过着花天酒地的生活。如此这般，钱就有些不够花了。

钱不够了怎么办？当然是增加诸侯们进贡财物的数量啊。可是这样一来，那些诸侯非常不满，不是说没有钱，就是说年成歉收，总之就是不肯痛痛快快地增加贡品。纣王一看，必须给天下诸侯重新定规矩，于是下令让诸侯们到黎国（今山西黎城）会盟，说有要事相商。

黎国离商朝的都城不算很远，纣王为了自己来往方便，所以选择了这里。他这次会盟的主题就是要各诸侯增加贡品，可是他心里明白，这些人一定不肯痛快答应，必须用武力恐吓他们才行。于是他下令从军队中挑选最精壮的士兵，准备在会盟期间搞一次"阅兵典礼"，让天下诸侯看一看商朝的实力。

那时候中国北方有很多大象。纣王就派人捉了许多大象，让人养起来。这些大象经过训练，能跟着军队一起作战，纣王管这支特殊的军队叫"象军"。这次阅兵他准备把象军拉出来，让诸侯们瞧瞧象军的威力。

到了会盟的那天，各国诸侯都到齐后，盛大的"阅兵仪式"开始了。只见士兵们个个威风凛凛，举着青铜长矛列队前行，周围的步兵军容整齐，持戈挎剑，站得笔直；一头头大象披红挂绿，缓步前行，后面还跟着一队队士兵。这个阵势，一下子就把诸侯们镇住了。

"阅兵"完毕，就该办正事了。纣王下令把各位诸侯应该缴纳的贡品的数量和种类一一列出来。诸侯们一看，往后要缴纳的

贡品几乎增加了一倍，个个暗自叫苦，却又不敢反抗。只有东夷诸国的诸侯当场气得火冒三丈，会盟一结束，他们连招呼都没跟纣王打，就回去了。

纣王一见这些人竟然如此无礼，不由得大怒。会盟结束后，他马上下令将士们加紧准备，前去讨伐东夷诸国。

纣王的部队到了东夷，开始进攻那里不肯服从的小国。可是东夷地域广大，虽然商朝的军队打了几场胜仗，但是东夷人这边打败了，又跑到那边聚拢起来，总是无法彻底消灭干净，纣王只得下令军队长期驻守在那里。这样一来，纣王不但没有得到多少东夷的财物，军费开销倒是直线上升。

东夷人硬抗纣王增加贡品的命令，也有人实行"软抵抗"。什么是软抵抗呢？那就是嘴上答应缴纳贡品，却不停地向纣王哭穷，拖着死活不交，有苏国就是这样做的。有苏国因为连年发生饥荒，已经很长时间没有缴纳贡品了。纣王一看有苏国比较弱，又抗命不缴纳贡品，就决定拿它开刀，亲自带领大军，浩浩荡荡向有苏国杀去。

最强"红颜祸水"之苏妲己

有苏国的国君一看纣王这次动真格的了，知道大事不好，连忙准备了一些奇珍异宝和美女，派人送往纣王的大营。为了表示诚意，有苏国国君还把自己的女儿献了出去。这位有苏国公主的名字叫苏妲己，美貌无比，而且擅长察言观色，纣王一见就喜欢上她了。纣王收下有苏国的奇珍异宝，开心地抱得美人归。

　　纣王非常宠爱妲己，什么东西都要给她最好的。这一天，有人来禀报，象军中的一头大象死了。纣王就叫来宫中的能工巧匠，让他们把象牙做成几双筷子，供自己和妲己使用。

　　有一天，大臣箕子看见纣王和妲己使用的象牙筷子，顿时变了脸色，不停地叹气。其他大臣觉得奇怪，就问箕子原因。箕子说："今天我看见大王的桌案上有一双象牙筷子。大王既然用了象牙筷子，必然不会再用陶杯，一定会改用犀角做的杯子；用了好的筷子、杯子，必然不会吃粗粮菜蔬，一定得吃山珍海味；吃了山珍海味，必然会穿华丽的衣裳；穿了华丽的衣裳，必然不会再住简陋的宫殿。"通过这一番严密的逻辑推理，箕子得出了一个结论：商朝快灭亡了。

　　大臣们听了箕子的话，有的佩服他目光如炬，能够小中见大；有的暗中讥笑他小题大做，哗众取宠。只有纣王的叔叔比干和老臣商容听了，连连点头表示赞成。

　　自从得到妲己以后，纣王变得越来越任性妄为。他知道妲己喜欢新奇的东西，就改进了炮烙之刑，供妲己取乐。这个刑具是一根空心的铜柱。行刑时，犯人被绑在这根铜柱上，然后在铜柱中放入燃烧的火炭，把铜柱烧得通红，被绑着的受刑人痛苦地挣扎，直至死亡。妲己最喜欢看受刑人垂死挣扎，纣王为了让她开心，经常在宫里施行炮烙之刑。

　　纣王手下有一个耿直的大臣，名叫梅伯，对纣王这种残忍的行为十分不满。他不顾个人安危，劝说纣王取消这种酷刑。纣王不但不听梅伯的劝说，反而下令对梅伯实施炮烙之刑。梅伯受了炮烙之刑依然活着，纣王又下令将梅伯处死。从此，再也没人敢劝说纣王了。

为了和妲己继续享乐，纣王又下令建造鹿台。鹿台气势雄伟，用了整整七年的时间才建造而成。纣王还下令在鹿台周围建造了几座园林，命人搜罗珍禽异兽，养在园林里。他还不满足，又派人向各诸侯国征调美女、宝物，来充实鹿台。纣王每天一大早就和妲己观看舞蹈，欣赏音乐，都城里每天早上都有歌舞的声音。纣王一高兴，下令将都城改名为"朝歌"。纣王下令在沙丘平台用酒装满池子，把各种肉割成一大块一大块挂在树林里，这就是所谓"酒池肉林"。

纣王整天胡作非为，几乎把当年夏桀的所有暴行都"复制"了一遍，所以后来人们把残暴的君主称为"桀纣之君"。商朝在纣王的统治下，开始走下坡路。

酒池肉林：原指商朝暴君纣王荒淫无度。后形容穷奢极欲。出自司马迁的《史记·殷本纪》。

姬昌的囚徒生活

姬昌被囚羑里

叹气也是罪过

纣王继位以后，为了让周围的小诸侯国都服从管理，封姬昌、鄂侯和九侯为三公。这三个人也是"方伯"，分管天下的诸侯，哪里有诸侯造反，就由负责管辖那里的方伯领兵前去征讨。这样一来，纣王省了不少事，就有更多的时间寻欢作乐了。后来，姬昌被封为西伯侯。

姬昌在位的时候，周国已经很强大了，他的做事风格跟纣王恰好相反。纣王喜欢喝酒、打猎，滥施刑罚；姬昌则禁止过度喝酒，不准贵族打猎，对百姓十分宽厚。纣王拼命剥削百姓，恨不得把百姓的财产都抢过来；姬昌则鼓励百姓多养牛羊，多种粮食，好好过日子。商朝的百姓听说姬昌对百姓施行仁义，成群结队地逃亡到周国，这样一来，周国变得更加强盛。

有一年，虞国（今山西平陆）和芮国（今山西芮城）两国的国君因为争夺土地产生了纷争，他们就去找德高望重的姬昌评理。当他们进入周国后，看见种田的人因为田界发生纠纷，双方都是你推我让，不肯占对方的便宜；进入周国的国都，发现那里的人个个谦恭有礼，互相谦让。虞国、芮国两国的国君还没见到西伯侯姬昌，就感到非常惭愧。他们商议说："我们这么争来争去，连周国的农夫都不如，我们去找西伯侯评理，只能是自取羞辱啊。"这件事一传开，周围的诸侯们有了矛盾，都来找西伯侯姬昌评理，听从他的裁决。

纣王听说姬昌把西方各小诸侯国管理得挺好，就召见姬昌，说是要对他进行封赏。姬昌去了没多久，就被纣王抓住并关押了起来。

事情的经过是这样的：

三公之一的九侯有个女儿长得很美。九侯知道纣王喜欢美女，就把她献给了纣王。纣王本来挺高兴，但九侯的这个女儿虽然长得美，情商却比较低，不会讨纣王的欢心。结果纣王一生气，就把九侯的女儿杀了。纣王想："这女人是九侯的女儿，九侯这不是故意让我不开心吗？"他越想越生气，就让人把九侯也杀了。九侯本来想讨好纣王，却害得自己和女儿都送了命。

纣王出了气，鄂侯却不干了，他想："就算九侯的女儿有错，大王也不能随便杀人啊。"鄂侯就去找纣王讲理。他以为道理在自己这边，跟纣王说话的时候态度就不太好。结果纣王脾气一上来，又下令杀了鄂侯。

姬昌得知九侯和鄂侯被杀，知道纣王已经残暴到丧心病狂的地步，哪里敢去跟他讲理？他在退朝的时候无可奈何地叹了一口气。谁知他叹气时被大臣崇侯虎听见了，崇侯虎将此事报告给了纣王。崇侯虎是崇国（今陕西沣水）的君主，崇国和周国离得很近，姬昌如果倒台了，他可以乘机捞到不少好处，所以就想要陷害姬昌。

崇侯虎对纣王说："现在姬昌施行假仁假义，收买人心，诸侯们纷纷倒向他。现在他听说您杀了九侯和鄂侯，不敢明说，却在私下里叹气，这是心怀不满啊！"

纣王听了，连连点头说："你说得很有道理。要是大臣们个个像你这样忠心耿耿，我该多省心啊！"毕竟叹气是个小罪过，纣王没有杀姬昌，只是下令把他囚禁在羑里（今河南汤阴）。为了断绝姬昌与外界的联系，纣王不仅在羑里驻有重兵，还在通往羑里的道路上设下重重关卡。

其实，纣王这么做并不只是因为昏庸残暴。三公是三位实力强大的诸侯，对商朝造成了很大威胁，纣王只是想找借口消灭他们。姬昌即使不叹那口气，也难逃厄运。

姬昌死里逃生

姬昌虽然被关押了起来，但他毕竟是三公之一，所以得到一定的优待。姬昌整天无事可做，就在被囚的地方转悠。这一天，他看到院子里长着很多蓍（shī）草，顿时有了主意。蓍草比其他草活得长，被古人视为"植物界的龟甲"，经常被用来占卜。

姬昌取来蓍草，折成很多小段，凭借记忆用它们摆出先天八

卦的卦图，反复进行推演。相传在上古时，伏羲氏创造了先天八卦，神农氏创造了连山八卦，轩辕氏创造了归藏八卦。经过姬昌的悉心钻研，将八卦演绎成六十四卦，并且配上了卦辞。

据说姬昌从不同的卦象感悟到人生的变幻无常，也从中看出世间万事万物运行的规律。后来，姬昌将自己的研究成果总结成书，这就是大名鼎鼎的《周易》。

纣王听说姬昌老老实实，从不乱说乱动，每天只是摆弄一些小草棍玩，觉得他很顺从，对他的戒心少了许多。

姬昌久去不回，周国的大臣们急坏了，不知道出了什么事。派人去打听，才知道姬昌得罪了纣王，被关起来了。姬昌的大儿子伯邑考是个大孝子，为了救父亲出狱，决定亲自去朝歌见纣王，想用自己当人质，换父亲回来。

纣王故意刁难伯邑考，提出只要他肯给自己当车夫，就会放了姬昌。伯邑考毫不犹豫地答应了。纣王没料到堂堂一个周国大王子，居然肯屈身做奴仆，马上无耻地反悔了。他还是不放心姬昌啊！最后，纣王想出一个灭绝人性的办法来试探姬昌——他派人杀了伯邑考，用他的肉做成羹，送给姬昌吃。

纣王说："如果姬昌真的是人们口中称颂的圣人，就不会吃自己儿子做成的肉羹。"姬昌似乎毫无察觉，吃下了肉羹。

纣王知道以后，说："谁说西伯昌是圣人？他吃了自己儿子做成的肉羹还不知道呢。"姬昌得知肉羹是用儿子伯邑考的肉做成的，害怕纣王继续迫害自己，丝毫不敢流露出悲伤的神情。纣王对姬昌的戒心从此又少了一些。

周国的大臣们知道纣王喜欢什么，赶紧准备了一些奇珍异

宝、名马、美女进献给纣王，请求他饶了姬昌。

　　纣王得了这么多好东西，又觉得姬昌这段时间表现不错，就说："西伯侯犯了点儿小错，我让他好好反省一下，早就想放他出来了，你们何必这么客气呢？都是我误信了崇侯虎的话，这才让西伯侯受了点儿委屈！"纣王这番话不但推卸掉自己的责任，还出卖了崇侯虎。他的如意算盘是让崇侯虎和姬昌的矛盾公开化，他们俩打起来，自己好从中得利。

　　姬昌获得自由，生怕夜长梦多，连忙日夜兼程地逃回了周国。因为他知道纣王是个反复无常的人，说不定什么时候就会变卦。姬昌回到周国后，广招人才，积聚力量，准备推翻纣王的残暴统治。

　　《周易》：即《易经》，相传是周文王姬昌所作，内容包括《经》和《传》两个部分。《经》主要是六十四卦和三百八十四爻，卦和爻各有说明，作为占卜之用。《传》实际上是阐释《周易》经文的著作，共计七种文辞十篇。

钓鱼高手姜子牙

姜太公钓鱼

自造亮点找工作的姜子牙

话说西伯侯姬昌回到周国后，广招人才，想要推翻纣王的残暴统治。最终，他得到姜子牙的辅佐，使周国的实力不断壮大，控制了天下三分之二的地盘。

姜子牙名叫姜尚，他的先祖曾辅佐大禹治水，立下了大功，被封在吕地（今河南南阳西），所以人们又叫他吕尚。虽说祖上显赫过，可是到了姜子牙这一代，姜家已经败落，沦为平民。

姜子牙早年到处寻师访友，学得一身的兵法韬略，精通阴阳五行之学，可以说是当时的顶尖人才。可是学问再大也不能当饭吃啊，毕竟人还是要生活的。姜子牙年轻的时候做过宰牛卖肉的屠夫，也曾开过酒店卖酒。虽然他的智商很高，"财商"却很低，结果快七十岁了，依然是一事无成。

　　这时已经是商朝末年，姜子牙见纣王整天胡作非为，知道商朝迟早要灭亡，就想凭着自己的本事，去诸侯国中谋一份差事。他去过很多诸侯国，都没有遇到赏识他的人。后来，他听说西伯侯姬昌在岐山广招人才，决定前去投奔。

　　姜子牙是一个很有智慧的人，他知道如果自己直接去找姬昌，就算能谋个一官半职，也不会得到重用。于是，他想出了一个奇特的方法，等着姬昌来找自己。

　　姜子牙来到渭水边一个叫磻溪的地方，在那里住了下来。他每天都会到磻溪去钓鱼，却从来没有鱼儿上过钩。一般人钓鱼都是用弯钩，上面挂着鱼饵，然后把鱼钩放进水里，这样才能钓到鱼。姜子牙钓鱼的方式就比较奇特了：他的鱼钩是直的，鱼钩上面没有鱼饵，也不把鱼钩放进水里，而是离水面三尺高。他一边

高高举起钓竿，一边自言自语道："哪条鱼儿要是不想活了，就赶快上钩吧！"这哪儿是在钓鱼，分明是在搞行为艺术啊。

有个过路的樵夫见了，感到很奇怪，就劝他："老人家，像您这样钓鱼，只怕一辈子也钓不到一条，您还是改变一下钓鱼的方法吧！"

姜子牙要的就是这个效果，他举了举钓竿，回答道："实话跟你说吧，我来这里可不是为了钓鱼，而是要钓王和侯这样的贵人啊！"

姜子牙直钩钓鱼的奇闻，一传十，十传百，最后传到西伯侯姬昌的耳朵里。姬昌知道，能做出这种古怪行为的人，不是奇才那就是疯子。他派了一名士兵去叫姜子牙来见自己，但姜子牙根本不理这个小兵，只是拿着钓竿，自言自语道："大鱼不来上钩，小虾却来捣乱！"

姬昌听了士兵的报告后，知道这个钓鱼人不是疯子，又派了一名官员去请姜子牙。可是姜子牙依然不理会那名官员，一边钓着鱼一边说："大鱼不来上钩，小鱼别来胡闹！"那名官员也不得不回去了。

听了官员的报告，姬昌终于意识到，这个钓鱼人必定是个天下少有的奇才，这是在等着自己去请他呢。于是他洗了澡，换了衣服，然后带着厚礼，前往磻溪请姜子牙出山。

姬昌来到磻溪边，见到了姜子牙。经过一番交谈，他发现姜子牙是一个目光远大、学识渊博的人。姜子牙对当时的政治形势分析得头头是道，认为商朝的统治不会长久，应该有贤明的君主带领大家推翻它，建立一个新的王朝。

姬昌高兴地说："先君太公曾说，'将来会有圣人来辅佐周，周会因此而兴旺。'他说的圣人就是您吧？我们的太公盼望您已经很久了。"因此，姬昌称姜子牙为"太公望"，所以后来人们也称姜子牙为"姜太公"。姜子牙见姬昌诚心诚意地来请自己，就和姬昌一起回到周国。

不是不报，时候未到

姬昌先任命姜子牙为太师，负责管理军事。后来，他又升姜子牙为国相，总管全国的政务。这一天，姬昌问姜子牙："我想要征伐那些不讲仁义的诸侯，您看咱们应当先去征伐哪一国？"

姜子牙说："可以先去征伐密须国。"

姬昌说："密须国的军力很强大，恐怕我们打不过他。"

姜子牙说："密须国的国君残暴地对待百姓，早已失去民心。他就是再强大，您也用不着怕他，只管前去攻打。"

于是姬昌率军讨伐密须国，果然不出姜子牙所料，周国的大军一到，早就受够了的密须国百姓纷纷起来造反，绑了密须国的国君前来投降。

这时，姬昌想起当年崇侯虎告密陷害自己的事。他听说崇侯虎跟纣王是一路人，残暴不仁，就去讨伐崇国。崇国的百姓也受够了崇侯虎的苦，纷纷开门迎接姬昌的大军。姬昌灭了崇国，就在那里筑起城墙，建立了新的城市，叫作丰邑。后来，他将周的都城从岐山迁到丰邑，改名为丰京。没过几年，周国就占领了大部分商朝统治的地区，归附姬昌的小诸侯国也越来越多了。

接着，姬昌继续向东方进军，打败了黎国。纣王曾在黎国与诸侯会盟，这里离商朝的都城朝歌已经非常近了。商朝的大臣祖伊听说以后非常恐慌，立刻向纣王报告了这件事。祖伊说："大王啊，恐怕我们商朝的国运要终结了！现在西伯侯已经打到都城附近，大势已去，您看怎么办呢？"

纣王听了，不屑一顾地说："我的命运是掌握在上天手中的，有上天的保佑，小小的姬昌能拿我怎么样？"

祖伊反驳说："大王的过失实在太多了，您不修仁德，已经得罪了上天，难道还能指望上天保佑您吗？"纣王气得暴跳如雷，碍于祖伊是商王武丁时贤臣祖己的后裔，这才没有治他的罪。

姬昌为了推翻纣王，日夜不停地操劳。可是他毕竟年事已高，终于体力不支，生病倒下了。这一病，他就再也没能起来。后来，姬昌的儿子周武王灭掉商朝，建立了周朝，追尊姬昌为周文王。

历史趣多多

姜子牙的传说

据史书记载，姜子牙有一个女儿，名叫邑姜。邑姜嫁给周武王，生下了周成王以及晋国的开国国君唐叔虞，山西太原的晋祠供奉的就是唐叔虞和邑姜。

新的王朝诞生了

武王伐纣

天要灭商不可违

周文王姬昌去世以后，周武王姬发继承了王位。他尊姜子

牙为老师，以弟弟周公旦为助手，继续重用周文王时代的那些大臣，准备完成父亲推翻商朝的遗愿。

登上王位的第二年，周武王就率领周国大军讨伐纣王。

大军在坐船渡黄河时，千帆竞发，气势威武雄壮。周武王站在船头，看到大小船只浩浩荡荡，士兵们个个威风凛凛，感到非常欣慰。这时，一条银白色的大鱼受到惊吓，跳到周武王的大船上。

古代人都非常迷信，什么事情都讲个好兆头。周武王看着这条银白色的鱼，顿时有了主意。他大声对周围的人说："商朝人向来崇尚白色，这条白色的鱼跳上船来找死，不正象征着商朝要灭亡了吗？"大家听了，都非常高兴。周武王赶紧命人把这个好

消息告诉全军将士。

当大军登岸时，已经是晚上了，一颗流星正好划破长空。当然，这件事情又被认定是个好兆头。周武王说："这颗流星的坠落，预示着商朝就要灭亡了。"将士们听了，更加信心百倍。

听到周武王率军讨伐纣王的消息，各路诸侯纷纷率军前来会合，准备协助他完成灭商大业。据说当时共有八百位诸侯赶到孟津与周军会师。于是周武王暂停进军，在孟津休整。一时之间，孟津变得热闹无比。

周武王在孟津检阅了诸侯们的军队，然后发表了讨伐纣王的讲话，公开举起了反对纣王的大旗。这一次检阅，史称"孟津观兵"。之后，周武王做出重要决定：诸侯大军解散，暂时不讨伐商朝。

八百诸侯看到周武王打了个大雷，最后只下了点儿小雨，都不明白究竟是什么原因。周武王对大家说："如今商朝气数未尽，大家还需忍耐一段时间。"原来，周武王发现虽然诸侯来得很多，但是还有几位大诸侯没有来。更何况，虽然纣王昏庸，但朝中还有比干、箕子和微子这样贤能的大臣辅佐。他觉得没有必胜的把握，所以决定退兵。

不过，通过孟津观兵，周武王看清了天下人心的向背。周武王回国后，一方面继续储存粮草，招兵买马；另一方面派出探子打听朝歌的情况，准备等到时机成熟，正式发兵灭商。

纣王听说周武王孟津观兵的消息后，大吃一惊。没过几天，他听说各路军队已经撤退，以为周武王不敢和他抗衡，就继续过着花天酒地的生活。

纣王的哥哥微子见形势已经如此危急，纣王还不醒悟，就多次进宫劝谏，可是纣王根本不把微子的话当回事。微子知道商朝迟早会灭亡，只好离开朝歌隐居起来。

另外一个贤臣箕子和微子一样，明白商朝离灭亡已经不远。他为了逃避纣王的迫害，整天装疯卖傻，不再上朝。纣王虽然凶残，但不愚蠢，他一眼就看穿了箕子的把戏，知道箕子这样做是为了表达对自己的不满。于是，纣王下令把箕子关起来，贬为奴隶。

纣王的叔叔比干看到微子出逃，箕子装疯被囚禁，不禁长叹一声，说："臣子看到国君有错误不阻止，就是不忠；怕被屠杀不敢讲真话，就是懦弱。我就是死，也要进谏。"

比干豁出性命，一连三天苦苦劝谏纣王。纣王刚开始还忍着没发脾气，最后听到比干说的话越来越难听，对自己这些年的所作所为完全持否定态度，不由得怒了，说："我听别人说凡是圣人，心窍都与众不同，你看起来像个圣人，我倒想看看你的心是不是有七窍！"就这样，比干被纣王施以剖心的酷刑。

比干、箕子和微子被称为"商末三贤"，如今这三贤一个被纣王杀死，一个被囚禁，一个逃走了，天下人都知道纣王已经无药可救，商朝气数已尽。从此纣王的朝堂上再也没有一个大臣敢说真话了。

周武王得知后，再也不用顾虑什么了。他请来姜子牙商议一番，认为时机已经成熟，决定正式出兵灭商。

纣王的好日子到头了

公元前 1046 年，周武王率领一支由三百辆战车、三千最精锐的虎贲军和四万五千名士兵组成的大军挥师东下，很快渡过黄河，再次到达孟津。这时，得到消息的各路诸侯纷纷再次前来会合。这支征伐纣王的大军士气高涨，很快打到离朝歌七十多里的牧野。

纣王得知周武王打到牧野的消息，顿时慌了手脚。商朝的军队当时正在对付东夷，一时间哪里能调遣回来呢？没办法，纣王只好下令把大批奴隶和俘虏编入军队，然后向牧野进发，准备迎战武王的军队。

这天早上，太阳还没有升起，天色也才刚刚转亮，周武王率领各路诸侯集结的大军，准备向纣王的军队发起进攻。开战前，周武王站在高高的马车上，一手拿着明晃晃的大钺，一手举着指挥大军的白旄旗，说道："如今商王昏庸无道，不听大臣的劝告，残暴地对待百姓。现在我遵照上天的旨意，执行老天对他的惩罚，率领大军征伐他。所有参战的将士，你们要勇猛向前，但不要杀害那些前来投降的人。勇敢的将士们，作战有功的，将会得到奖赏；如果有谁临阵逃脱，那我就立刻杀掉他。"

说完，周武王就挥动旗帜，指挥大军前进。周军排着整齐的战阵，在战车的掩护下，迅速地向前推进。虽然商军人数众多，但是很多都是奴隶和俘虏，谁都不想为纣王卖命。两军一交战，纣王的士兵纷纷放下武器，投奔周武王这一边。牧野之战以周武王率领的军队全胜而告终。

　　周武王抓住战机，乘胜直扑商朝的都城朝歌。纣王根本没有想到自己的大军竟然这么快就败了。他跑到鹿台上躲起来，万念俱灰。他看着豪华壮观、藏满珍宝的鹿台，觉得不能就这么便宜了周武王，于是下令把王宫里的奇珍异宝全部搬到鹿台上，然后放了一把火，和鹿台一起化为灰烬。

　　周武王带着大军冲进朝歌，来到鹿台，看到鹿台已经变成了一片瓦砾。不一会儿，士兵们在灰烬中找到了纣王的尸体。周武王不禁恨从心头起，弯弓搭箭朝着商纣王的尸体连射三箭，表示亲自诛杀了这个无道昏君。

　　第二天，周武王在朝歌设立祭坛，举行隆重的祭祀仪式，宣告伐纣战争获得胜利。就这样，持续六百多年的商朝灭亡，一个新的王朝——周朝诞生了。

知道 多一点

　　夏商周断代工程：夏商周断代工程是中国的一项文化工程，是一个以自然科学与人文社会科学相结合的方法来研究中国历史上夏、商、周三个历史时期的年代学的科学研究项目。该工程把商周分界（武王伐纣之年）定为公元前1046年。

周朝第一场叛乱

三监之乱

武王分封得人心

周朝建立以后，周武王在离原来的都城丰京不远的地方建立了镐京（今陕西西安西南），并宣布定都镐京。丰京作为宗庙和王家园林所在地，镐京作为周王居住和上朝的地方，合称为"丰镐"。

商朝灭亡了，这时就该论功行赏，分配胜利果实了。周武王追封父亲姬昌为周文王，并分封了各路诸侯。他把朝歌一带封给纣王的儿子武庚，表明自己征伐纣王是为了天下百姓，并不是想灭绝商朝的王族。可是他对武庚不放心，害怕商朝的势力死灰复燃，就在朝歌周边建立邶、鄘、卫三国，分别封给三个弟弟霍叔、蔡叔、管叔，用来监视武庚，称为"三监"。

接下来，周武王把焦、祝、蓟（jì）、陈、杞这些地方封给神农氏、黄帝、尧、舜、禹等古代帝王的后裔，表示对上古圣贤的尊重。他把姜子牙封于齐，弟弟周公姬旦封于鲁，弟弟召（shào）公奭（shì）封于燕，另外还封赏了许多功臣和亲戚，以保卫周王室。周武王的封赏，方方面面的人都照顾到了，大家都感到很满意，对周武王很忠心。

都是嫉妒惹的祸

周武王处理政务很勤勉，由于操劳过度，在灭商后的第二年就病倒了。公元前 1043 年，周武王不幸去世。去世前，他担心太

子姬诵年纪太小，担不起管理天下的重任，就命人叫来自己的弟弟周公姬旦。

周武王躺在床上，拉着周公姬旦的手说："四弟啊，诵儿年纪太小，要不就由你来接替我当王吧！"

周公这时对天下有着宏大的规划，他准备建立一套全新的制度，让整个天下从此有序运行，所以拒绝了周武王，说："大王请放心，我一定会尽心辅佐新王。"周武王又叫来太子姬诵和其他大臣，宣布自己去世后由姬诵继承王位。在姬诵成年之前，由周公摄政，负责管理国家大事。

不久，周武王去世，年仅十三岁的太子姬诵即位，也就是周成王。周公遵照周武王的遗命摄政，总揽朝政大权。

周公按周武王的遗训管理朝政，本来是合理合情合法，却引起了管叔的不满。周文王的大儿子伯邑考在灭商之前就被纣王害死了，周武王排行老二，管叔姬鲜排行老三，周公姬旦排行老四，蔡叔排行老五，霍叔排行老八。如果论资排辈，老三管叔是最有资格摄政的。管叔听说武王去世后，留下遗命让四弟周公摄政，很不服气。他心想："论老成持重，我比老四的年纪大；论年轻有为，霍叔、蔡叔比老四年轻，怎么说都轮不到卡在中间的老四啊！这里面肯定有蹊跷！"

于是，管叔就和弟弟们联合起来，一起散布谣言，说周公趁周成王年轻，独揽大权，是想要夺取王位。因为周公是有封地的，他被封在了鲁国。可是周公没有去自己的封国，而是让长子伯禽去当鲁国国君。其他诸侯都老老实实地去了自己的封国，只有周公留在镐京，还摄政代行王权，这不是想篡位吗？

谣言总是具有极大的杀伤力，这一下就连德高望重的姜子牙和召公奭也对周公起了疑心。

管叔拉拢蔡叔、霍叔准备一起讨伐周公，可是他们是被派来监视武庚的，他们担心自己出兵了，武庚在背后闹事，那可就麻烦了。思来想去，管叔决定拉上武庚一起造反，这样不但声势更大，而且不用担心腹背受敌。于是管叔派人去联系武庚，让他跟自己一起发兵，去攻打周公。

武庚虽然被周武王分封为诸侯，但是他知道自己受到周朝的监视，内心一直不服。他一见管叔派人来让自己起兵攻打周公，简直就像天上掉下个大馅饼一样。这真是天赐良机，如果趁这个机会搞乱周朝，没准还能复兴商朝呢。他不但答应配合管叔起兵，而且联合商朝以前的属国奄国、徐国、薄姑、淮夷等一起造反。本来负责监视武庚的管叔、蔡叔、霍叔却与武庚一起起兵作乱，因此这件事被称为"三监之乱"。

一路向东打过去

这一下，周王室处在风雨飘摇之中。周公心里苦啊，但又不知道跟谁说。他决定先找在朝中很有声望的姜子牙和召公奭谈谈，让他们支持自己。他说："武王过早地离开了我们，大王又如此年幼，我是为了保护周朝，才答应摄政的。如今情势非常危急，你们一定要帮助我。"姜子牙和召公奭知道事情的严重性，决定全力支持周公，平定"三监"和武庚的叛乱。

随后，周公向天下发布文告，声讨"三监"和武庚，大意

是：殷人刚刚恢复了一点儿力量，就想趁我们内部混乱，起来造反，重新夺回他们已经失掉的王位，妄图让我们周朝再次成为他们的属国！我在这里告诉大家，殷人里面有很多人愿意出来帮助我们，有了他们的帮助，我们一定能够平定叛乱，一定能保住文王和武王创建的功业。

接着，周公授予姜子牙征伐东方的权力。周公派召公奭对姜子牙说："东至大海，西至黄河，南至穆陵，北至无棣，这一片区域，全部由您负责征讨！"姜子牙在古代可是战神级的人物，他一出马，很快就稳定了东方各地的局势。

公元前1042年，周公联合召公奭与姜子牙，组成东征大军，自己亲自率军出征。当时黄河正处于封冻期，东征大军踏着冰面渡过黄河，顺利抵达孟津，许多商朝的贵族都赶来支持周公。

擒贼先擒王，周公决定先集中力量消灭主要的叛乱分子。他率军一路东进，直取朝歌，击溃了武庚的军队，武庚被杀。紧接着，东征大军又打败了"三监"，"三监"中的管叔自杀，蔡叔和霍叔被抓了起来。周公下令流放蔡叔，废了霍叔的爵位，然后把邶国、鄘国、卫国的大部分地区统一为新的卫国，让康叔接管。他把商朝故地的一小部分划给率先投降的纣王的哥哥微子，建立宋国，国都定在商丘。

平定三监之乱后，周公决定继续东征，准备攻打奄国。大臣辛公甲劝说道："奄国的势力比较大，如果不能迅速打下来，其他小国会趁机在背后捣乱。您不如先攻打它周边的小国，孤立奄国，最后再消灭它。"

周公听了，连连点头说："对，对，还是你想得周全。"于是周公改变计划，决定先攻打和武庚一起造反的徐国、盈国等小国。周公征服和消灭了这些比较小的国家后，最后集结重兵，攻打奄国。奄国失去其他小国的支持，很快就被灭国了。随后，丰国、薄姑等国见势不妙，也相继宣布投降。就这样，周公用了三年多的时间，消灭了十七个叛乱国家，使东夷地区原来商朝的属国臣服，周朝的势力扩大到海边和长江以南。

东征结束后，周公觉得必须在东部建造一座城市，镇服东方各国。他在涧水以东的地方修建了洛邑（今河南洛阳东），把商朝那些不肯服从周朝的遗民迁移到这里，严加监视。周公还在洛邑修建了王城，派大量军队在这里驻守，使它成为保卫镐京和镇抚东方的重镇，史称"成周"。周朝原先的都城镐京，则被称为"宗周"。

周代礼制：周代礼制分礼和乐两个部分。周公制礼作乐，创建了一整套具体可操作的礼乐制度，包括饮食、起居、祭祀、丧葬……社会生活的方方面面，都被纳入"礼"的范畴，潜移默化地规范人们的行为。

周公也害怕谣言

周公辅成王

给天下人定规矩

周武王去世以后，由周公来摄政。他平定了三监之乱，稳住了周朝的局势。

周公在治理国家的过程中，面临着很多困难。大家只看到周公手握大权，威风凛凛，却不知他心里的苦。天下事这么多，稍不留神就会出乱子，所以他希望那些有才能的人能够来帮助自己。当他吃饭的时候，如果有人来拜访，他就会把嘴里的饭吐出来，急忙跑出去迎接；当他洗头的时候，如果有人来拜访，他就赶紧把还没洗完的头发握起来，前去接待来访的人，生怕怠慢了别人。

正是因为周公的保驾护航，周朝才度过了建国初期最危险的时刻，成为历史上存在时间最长的朝代。在周公的治理下，新生

的周朝蒸蒸日上，一派繁荣景象。

国家安定了，社会繁荣了，周公开始给天下人定规矩，制定全社会都要遵守的礼仪规范，这就是历史上著名的"周公制礼"。

周礼规定，天子有天子的法度，诸侯有诸侯的规矩，士大夫也有士大夫要遵守的规定。这样一来，就形成了以天子为首，下面是诸侯、卿大夫、士这样一种阶梯式的等级制度。周公还制定了"嫡长子继承制"，在历史上产生了深远的影响。在此之前，王朝的王位传承没有一个确定的规矩，王的弟弟和儿子、侄子们常常为了争夺王位打得头破血流。周公确立了嫡长子继承制，将正妻所生的第一个儿子定为第一继承人，这样一来就有了规矩，其他人不用争也不用抢了。不但王位继承这么来，诸侯、卿大夫，甚至平民家的财产继承，也按这个规矩来。

至于日常生活中，人们应该如何穿衣、如何戴帽、如何吃饭、如何站立、如何乘车、如何祭祖、如何娶亲、如何敬老、如何见客、如何奏乐等一切行为都有了规范。周公制定的礼仪规范，在中国社会中被长期沿用。后来被尊为"圣人"的孔子对周公制定的这些礼仪赞不绝口，是周公的"铁杆粉丝"。

天子说话要算数

当然，天下是不会就这么安定下来的，总会有人想搞破坏。没过多久，唐国（今山西翼城一带）又发生了叛乱。周公急急忙忙地率大军前去平叛，很快就灭掉了唐国。得胜回朝后，周公向周成王汇报了自己平定叛乱的经过，然后对周成王说："现在唐

国一带的局势还不稳定，那里非常重要，应该派一位王室子弟前去镇守和治理才行啊。"年幼的周成王哪里懂得这些，只是随口应承着。

这一天，周成王和弟弟叔虞一起在园中玩耍。玩到高兴时，他忽然想起周公说的事情，就顺手从树上摘下一片树叶，用手撕成玉珪的形状，说："把它封给你。"

叔虞听了，也学着大臣们的样子，跪在地上，双手接过树叶，说："多谢大王的封赏。"说完，兄弟俩都开心地笑了。他们没有留意到，在一旁的史官将周成王的一举一动全都记录了下来。这些史官专门负责记录君王的一言一行，作为施政和编修历史的凭据，同时也是对君主的一种监督。

过了一段时间，史官见周成王没有任何分封叔虞的意思，就将这件事情禀告了周公。周公上朝时问起了这件事，周成王说："哦，那是我和弟弟在做游戏，怎么能当真呢？"

周公严肃地对周成王说："天子无戏言，您说的每句话都会被记录下来，作为下达命令的依据。只有说到做到，百姓才能感受到天子的诚信啊！如果您说话不算数，将来怎么领导诸侯，让百姓信服呢？"

周成王说："既然这样，那就按照叔父说的办吧。"没过多久，周公就以周成王的名义，册封叔虞为唐侯。

叔虞到了封地以后，带领当地百姓发展生产，进行各种建设，很受百姓爱戴。他去世后，他的儿子燮（xiè）继承了唐侯的位置。燮继位不久，将国号改为"晋"，也就是后来称霸春秋的晋国。没想到周成王玩个游戏，竟然玩出了一个春秋大国。

谣言很有杀伤力

有一年，周成王得了重病，就请人占卜生病的原因。占卜的人说："大王之所以得病，是因为冲撞了神明。"周公听说以后，就剪掉自己的指甲，投入河中，向河神祷告说："大王年纪太小，还不懂事，所有事情都是我做的，冒犯神灵的是我而不是他啊！如果要惩罚，就请惩罚我吧！"祈祷完毕，周公命人把祷告的文册藏在盟府（古代保存盟约文书的地方）中。说来也真神奇，没过多久，周成王的病就好了。

周成王到了二十岁，已经能够自己处理政事了，周公就把朝政大权还给周成王，宣布不再摄政。他像普通大臣一样，非常恭敬地对待周成王。

周成王亲政后不久，就有人诬告周公，说："周公在大王生病的时候，向河神诅咒您，希望您快死掉，他自己好接掌王位，大王一定要小心那个人呀！"周成王听了，并没有说什么。

有人对周公说了这件事，周公说："我尽心尽力地辅佐王室这么多年，做事向来问心无愧，怎么会害怕别人污蔑呢？"

那人对周公说："虽然您问心无愧，可是万一大王听信谣言，下令杀了您，到时后悔也来不及了。您不如暂时躲避一下，等查明真相以后再回来。"谣言的杀伤力实在是太大了，周公也很害怕，不得不跑到偏远的楚地躲藏了起来。

周公走后，周成王就命人查证周公诅咒自己的事情。负责查证的官员在盟府中看到了周公的祈祷文册，把它交给了周成王。

周成王一看，周公并没有诅咒自己，而是希望代替自己去受罚，顿时感动得哭了起来。他命人把周公从楚地接回来，愧疚地向周公道歉，说："我实在不该听信谗言怀疑您啊！"

周公见周成王还年轻，做事不够稳重，就写书来教导他。周公临终时，对周成王说："把我葬在京城附近吧，我死后也要守护着大王啊！"周公死后，周成王把他葬在了周文王的坟墓旁边，以表示对他的敬重。

公元前1021年，周成王去世了，他的儿子康王继位。这两代周王在位时间一共有四十六年。这段时间内，天下稳定，经济繁荣，是周朝最安定的时期，所以人们称这段时间为"成康之治"。这一切，都得益于周公打下的基础。

追根溯源

周公吐哺：周公旦招贤纳士，深得人心，当他吃饭的时候，听说贤才来了，立即吐出口中的食物以接待。形容求贤若渴。语见曹操《短歌行》："周公吐哺，天下归心。"

天下开始跑偏了

该管的事偏不管

公元前 995 年，周康王去世，太子姬瑕即位，这就是周昭王。

周昭王即位的时候，正赶上周朝刚经历过"成康之治"的全盛时期，天下诸侯纷纷前来朝贡，一派盛世繁华的景象。周昭王打小就衣来伸手，饭来张口，从不知民间疾苦，所以即位后就过上了奢侈荒唐的生活。

周昭王在位第十四年的四月初八，镐京突然出现了反常的自然现象。河里的水、井里的水、池塘里的水和泉水同时上涨，井里的水竟然漫出了井外。紧接着，山川和大地开始摇晃起来。夜里有五色光芒照耀天空，天空中竟然看不见二十八宿。这神奇的现象说明了什么呢？当然是发生地震了啊！可是古人不知道这是自然现象，他们认为天象和人间的情况是对应的。天象不正常，说明人间出现了不正常的情况。按照古代人的说法，就叫"王道微缺"。

"王道微缺"是什么意思呢？如果我们把天下看成是一辆公共汽车的话，周王就是驾车的司机，带着诸侯们和百姓在正确的道路上前进。王道微缺的意思是，周昭王这个司机，把车子开到错误的道路上，也就是跑偏了。

本来天象和人间情况对应这种说法只是古人的一种迷信，不过，周昭王处理国事的态度，确实证明了当时"王道微缺"。

事情是这样的：

鲁国是周公姬旦的封地，自从他的长子伯禽受封鲁侯以来，几任周天子都对鲁国的国君十分礼遇。因为周公的功劳实在太大，周王还特别允许鲁国用天子的礼仪来祭祀周公。再加上周天子最亲信的大臣是周公次子的后代，对鲁侯也是照顾有加，所以几代鲁侯都安享荣华富贵。

周昭王时期，鲁国正是鲁幽公姬宰在位。鲁幽公有个弟弟叫姬沸，人称公子沸。按照周公制定的礼仪，天子、诸侯和大夫的日常用品和穿戴都是有等级区分的，不能相同，必须显示出差别。鲁幽公被立为太子后，他的生活档次和穿戴就比弟弟公子沸要高许多。公子沸从小就争强好胜，对此愤愤不平："都是同胞兄弟，凭什么哥哥要压我这个弟弟一头？我不就是晚出生了两年嘛，这又不是我的错。"

后来鲁幽公做了鲁国的国君，两个人的待遇就差得更大了，公子沸的不满也就更多了。鲁幽公是鲁国的国君，公子沸是他的

臣子，每次上朝时，公子沸要和群臣一起向哥哥行礼。公子沸受不了这个气，就生出了弑兄夺位的念头。

鲁幽公即位后不久，要到镐京去朝见周昭王。公子沸也要跟着一起去见见世面，鲁幽公想也没想就答应了他。一路上，各国诸侯听说鲁国国君来了，都热烈欢迎。来到镐京后，周昭王不但亲自接见鲁幽公，还赐宴招待，礼节比对待其他诸侯隆重多了。这一路走来，鲁幽公处处受优待，公子沸却像个跟班一样，丝毫不受重视，这更让他下定了夺位的决心。

周昭王十四年七月，也就是镐京地震发生后不久，公子沸派刺客杀死了哥哥鲁幽公，自己做了鲁国国君。公子沸对外宣称鲁幽公得了急病，不幸去世，临死前留下遗言让自己继位。因为事情做得太不周密，鲁幽公死得过于突然，鲁国人都知道公子沸弑兄夺位的事情，朝野上下议论纷纷。面对弑兄夺位这样大逆不道的事情，周昭王却保持沉默，既不发兵征讨，也不派人前去问罪，就好像什么事情都没有发生一样。

周公确立嫡长子继承制，就是为了避免发生为了争夺君位互相残杀的现象。现在公子沸杀了哥哥，夺取君位，公然犯上作乱，周昭王却不出来主持公道。周昭王的做法，确切无疑地表明了"王道微缺"，自然引起了天下人的非议。

周昭王这时可没空管这些非议，他有别的事情要忙。因为他听说南方的楚地有很多部族不听从自己的号令，正准备带着大军前去征讨呢。

伐楚伐楚，丢了性命

公元前985年，周昭王带着大军前往楚地，渡过汉水，占领了鄂国的铜绿山。在古代，铜是非常重要的经济和军事物资。不管是铸造兵器、青铜器还是钱币，都离不开它。周昭王下令把大量铜材运回镐京，发了一笔大财。可是等周昭王的大军一走，当地的诸侯就立马发兵夺走了铜绿山。周昭王气坏了，决定再次亲征，给这些南方人一点儿教训。

公元前982年，周昭王亲自带兵，从唐国（今湖北随州北）出发，一路向南推进。长江中游的大小邦国一看周天子出征，也纷纷跟着一起行动，声势浩大。周朝大军一直打到夔（kuí）国（今湖北秭归）边境。周朝大军打了胜仗，高兴地返回汉水边上时，却被汉水的荆楚部落打得落花流水，加上天公不作美，当时狂风大作，大雨倾盆，影响了周朝大军发挥，结果周朝大军几乎全军覆没。

周昭王是个不肯服输的人，在哪里跌倒了，就要在哪里爬起来。经过几年的休整，公元前977年，不死心的周昭王又率军向南出发了。周军三番五次来征讨，楚人也打出了经验，用游击战来对付周昭王。周昭王的军队大多是北方人，士兵们在南方待久了，水土不服，结果病的病、死的死。

周昭王很郁闷，辛辛苦苦出兵一趟，损兵折将不说，结果什么都没捞着。周昭王一琢磨，算了，还是班师回朝吧！大军来到汉水边，却发现江上一条船都没有。周昭王派人抓来周边的渔民，要征调他们的船只，还命他们赶造大量船只，不然就要他们的命。

要别人做事还威胁别人，这不是害自己吗？渔民们对周昭王恨得咬牙切齿，造船时敷衍了事，拼合木板时不用木销加固，只用糨糊随便粘了一下。他们把恨意都转嫁到给周昭王打造的豪华大船上，大船看起来华丽无比，却只是个花架子，一泡水就会散

架。周昭王的大军乘着这些"假冒伪劣"的船只刚行驶到河中央，船就纷纷解体了。周昭王的大船最不结实，船上的人还特别多，所以下沉得特别快。大家还没来得及施救，周昭王就连人带船沉入了汉水。他带去的周朝大军，几乎全军覆没。

　　因为这件事实在太不光彩，周朝的史书上只说周昭王是南巡打猎途中，由于当地楚人保护不力，坐船时遭遇风浪不幸溺亡。

大旅行家周穆王

穆王西游

和犬戎结了仇

公元前 976 年，周昭王的长子周穆王继位，成为新一代周王。

周穆王姬满是西周的第五位君王，在位时间长达五十五年，是周王中在位时间最长的一位。根据《史记》记载，周穆王即位的时候，已经五十岁了。这样算来，周穆王总共活了一百零五岁。这在三千多年前那个医疗水平很低的时代，算得上是个奇迹。周穆王在位时间长，寿命也长，所以关于他的传说也就特别多。

因为周昭王南征时死在了南方，带去的军队几乎全军覆没，周王室在诸侯中的威信大大下降，西部边境经常受到外族的侵扰。为了边境的安全以及重建周王室的威信，周穆王计划征讨西方的犬戎。大臣祭公谋父劝谏说：“犬戎是个野蛮的民族，又没有什么大的罪过，根本没有理由讨伐他们啊！不如和他们保持友好关系，让他们做西北的屏障。”

周穆王没有听从祭公谋父的劝告，决定亲自率领大军征讨犬戎。这一仗打得比较顺利，周穆王不仅打败了犬戎，还俘虏了犬戎的五个王，得到四匹白色的狼、四头白色的鹿。这些白色的动物，在现代人看来就是得了白化病，没什么稀奇的。可是在古代，这样的动物被看作有灵性的动物。

周穆王亲自用箭射死了白鹿和白狼，用来祭祀祖先，宣告征讨犬戎获得胜利。可是犬戎并没有屈服，从此和周朝结了仇。两百年后，正是犬戎灭掉了西周。

周穆王和西王母

周穆王打败犬戎后，打通了和西部各国交流的通道。他年轻时就喜欢四处游玩，一心想学传说中的黄帝，乘着马车周游天下。当时周朝国力强盛，喜欢游山玩水的周穆王就带着大批人马一路向西，热热闹闹地搞了一回“西游记”。

为了这趟旅行，他挑选了当时最好的马车夫——造父。周穆王的这个御用马车夫来头不小，他是伯益的后代，秦国君主和赵国君主共同的祖先。造父的祖上有好几位都是周天子的马车夫，为了周穆王的这次西游，造父专门为他挑选了八匹骏马。说起这八匹骏马，匹匹来历不凡，都是造父一手调教出来的。据说它们跑起来比飞鸟还快，能够日行千里，夜行八百里。

　　周穆王这么兴师动众地往西方去，一是因为他喜欢游山玩水，二是为了去拜访传说中的西王母。

　　周穆王带着人马一路向西，不停地走啊走。虽然一路上遭遇了很多艰辛，但是他从不感到疲倦，毕竟传说中的西王母在前方等着他呢。后来，周穆王一行终于来到昆仑山附近，这里就是西王母的居住地。周穆王挑了个良辰吉日，拿着白色的圭、黑色的璧，还有一些彩色的丝带去献给西王母。西王母非常高兴，带着周穆王一起游览瑶池。

　　过了几天，周穆王借西王母的瑶池设下宴席，来款待这位在西方地位至高无上的女子。西王母很高兴，就在筵席间为周穆王唱歌助兴。

　　快乐的日子就这么一天天过去了。突然有一天，王宫的一名侍卫匆匆赶来告诉周穆王，因为周穆王很久不在国都，徐国的徐偃王擅自称王，请周穆王赶快回国平叛。周穆王听了勃然大怒，没想到自己出游期间会发生这么多事情。他更没想到时间过得这么快，自己离国已经五百多天了。

　　分别的时刻到了，西王母依依不舍地望着周穆王，含情脉脉地唱了一首歌："白云在天，山陵自出。道里悠远，山川间之。将子无死，尚能复来。"歌词大意是：天上白白的云彩，地上高高的山陵。我们相隔这么遥远，你还会再来看我吗？

　　面对西王母的一片深情，周穆王非常感动，也回了一首歌："予归东土，和治诸夏。万民平均，吾顾见汝。比及三年，将复而野。"歌词大意是：我的使命是治理国土上的百姓，让百姓获得幸福。只有到了那时，我才能回来看你。至于时间嘛，我想大

概是三年后吧！就这样，周穆王带着万分不舍，登上马车，启程回国了。一个又一个三年过去了，周穆王离开后却再也没能回来，他和西王母之间的缘分就这样结束了。

楚国帮忙收拾徐国

造父驾着车，飞驰的骏马像疾风一样，在一望无际的原野上狂奔，很快带着周穆王回到国都镐京。周穆王听了大臣们的报告后，发现徐偃王很不简单。他对徐国施行仁政，深受百姓爱戴，国家变得越来越强大，于是自行称王。东海沿岸一带的诸侯听说了徐偃王的仁义之名，纷纷前去朝拜，宣布臣服徐偃王。

周穆王想发兵攻打徐偃王，可是徐国离镐京太远，率大军征讨费时费力费钱，因此，周穆王心中有些犹豫。这时，王孙厉对周穆王说：“大王不必发愁。这些年南方的楚国不断壮大，又靠近徐国，请大王派我去楚国，说服楚国去攻打徐国，让楚国和徐国打得两败俱伤，不是更好吗？”周穆王大喜，就让造父驾车送王孙厉前往楚国。

王孙厉到了楚国，对楚国国君说：“徐国国君施仁政，很得民心。您如果现在不去讨伐他，将来楚国一定会被徐国征服的。”

楚国国君说：“如果真像你说的那样，我怎么能去征讨这样的有道明君呢？”

王孙厉说：“大国攻打小国，强国讨伐弱国，就像拿石块砸鸡蛋，又好比猛虎捕食小猪，哪里有什么道理好讲呢？您现在不去攻打徐国，难道等着徐国强大后来灭掉楚国吗？”

楚国国君暗想："他说得好有道理，我竟然无言以对。"于是，楚国大举进军攻打徐国。徐偃王非常爱护百姓，又不会耍什么阴谋诡计，还不忍心让百姓舍命和楚国人厮杀。很快，徐国就被楚国打败了。楚军对徐偃王穷追不舍，最后逼得徐偃王只好跳海自杀。

徐偃王死了，周王室的危机解除了，周穆王又想去找西王母再续前缘。可是经过上次的西游，周朝的国库已经快被消耗空了。大臣们纷纷上奏，劝阻周穆王打消西游计划。周穆王思来想去，觉得自己已经游历了许多地方，大大胜过许多古代的君王，于是打消了再次西游的念头。

公元前922年，周穆王去世，结束了他传奇的一生。

知道 多一点

穆王八骏：穆王八骏是传说中周穆王驾车用的八匹骏马，八匹马的名称说法不一，主要有两种。一是以毛色命名，分别是：赤骥、盗骊、白义、逾轮、山子、渠黄、骅骝、绿耳；二是以速度命名，分别是：绝地、翻羽、奔宵、超影、逾辉、超光、腾雾、扶翼。

这个王不要也罢

国人暴动

让钱都到本王口袋里来

公元前877年，周朝的第九代王周夷王驾崩，太子姬胡即位，也就是周厉王。

周厉王即位时，周朝的日子已经非常不好过了。曾经声名显赫的周天子，不但不能像以前一样动不动就去征讨不服从的诸侯，甚至连体面的生活都快维持不下去了。因为不管是打仗还是过好日子，都需要钱啊！

周厉王每天早上一睡醒，想的就是两个字：搞钱。到了晚上睡觉时，他想的就是四个字：大量搞钱。可是怎样才能搞到钱呢？周厉王思来想去，决定启用荣夷公来解决这个棘手的问题。

荣夷公果然厉害，很快想出了搜刮钱财的好办法。他对本来属于国人共有的山川沼泽实行"专利"政策，统统收归周天子所

126

有。平民百姓不得进入，违者一律处以死刑。

在周朝，城市通常有两层城墙，内圈叫城，外圈叫郭，住在城内的叫"国人"，住在城外的叫"野人"或"鄙人"。这些国人大多是周朝贵族的后代或有地位的平民，也是统治阶级的一部分，周王的军队都是由这些国人组成的。周厉王这么做，等于公然从国人的口袋里抢钱。

卿士芮良夫劝谏周厉王说："荣夷公这样做有欠妥当。普通人如果独占利益，尚且会被人称为强盗。您是天子，如果也这样做，那有多少人会信服您呢？您如果任由荣夷公这么做，天下一定会被他败坏的。"周厉王擅长逆向思维，他想："你这么说，不正说明荣夷公这么做很有成效吗？"于是周厉王给荣夷公升了官，任命他做上卿，掌管所有国政。

除了国人，各诸侯国更是荣夷公搜刮的重点对象。哪国所产的东西每年有多少，应该进贡多少，他全都算得清清楚楚，谁都别想少交一点点。当然，他为周厉王敛财的时候，自己顺带也捞了很多油水。对他的这种做法，各国诸侯无不怨恨。离镐京近的诸侯对进贡是能拖则拖，远的那些诸侯一看交不起，干脆不交了。

朝廷重臣召穆公见周厉王闹得实在不像话，就劝谏道："如今国人对大王的做法议论纷纷，人心非常不稳，如果再这样下去，必将弄到不可收拾的地步，到那时后悔也晚了。"

周厉王听后大发雷霆，说："这些国人竟然敢随便议论朝政，真是目无君上。好，你先退下，我自有办法！"

周厉王命人叫来自己最信任的卫巫，说："现在我派你去替我监视国都内的臣民，如果有谁敢妄议朝政，你马上抓起来治

罪，知道了吗？"卫巫连忙答应了。

卫巫纠集了一些党羽，整天穿着平民的衣服，在街上四处打听。发现有谁对周王或周王做的事情表示不满，就马上抓起来，罪名是"诽谤天子"。被抓的人不是被杀，就是交一大笔罚金才能获释。到了后来，这些人为了捞钱，不管百姓有没有"诽谤天子"，只要说话大声一点儿，就会把人抓走，罪名是对朝廷不满。这样一来，整个镐京变得安静极了，大白天掉根针在地上都听得见。就算是熟人在路上遇到了都不敢打招呼，只是点个头或交换一下眼神。

　　周厉王对卫巫的做法很满意，特地叫来召穆公，笑嘻嘻地对他说："你上次说有很多国人对我不满，现在你还能听到不满的声音吗？"

　　召穆公痛心地说："现在不是他们对您满意，而是有人堵住了他们的口。堵住百姓的口，比堵住河水更可怕。河水遇到堵塞就会不断上涨，最后冲破堤坝，造成灾难。百姓也像河水一样，

您不让他们说话，早晚要出大问题。"周厉王却毫不在意。

国人终于受够了

召穆公担心的事情终于发生了。镐京的国人受够了周厉王的气，他们集结起来，手持棍棒、农具围攻王宫，嚷嚷着要杀了周厉王。周厉王赶紧下令调兵去镇压，大臣们回答："我们周朝当兵的都是国人，国人都暴动了，还能调谁去镇压呢？"

周厉王没办法，只好让周定公、召穆公留守国都，和国人谈判，自己则带着荣夷公等人逃出了国都。周厉王逃得太匆忙，走了好远才想起太子姬静还在宫外，没来得及跟自己一起走。留守的召穆公见都城内外乱哄哄的，连忙命人把太子姬静接到自己家中躲藏起来。周厉王带着亲信逃离镐京，一路不敢停留，逃到彘（今山西霍州）才停了下来。

国人冲进王宫，发现周厉王已经逃走了。逃得了和尚逃不了庙，他们开始在王宫里大肆进行破坏。后来，国人听说太子被召穆公藏在家里，就一窝蜂地来到召穆公家，高呼"父债子还"，要求他交出太子姬静。因为召穆公平日为官清廉，国人没有强行搜查他的家。

召穆公没办法，就把和太子年纪差不多的小儿子叫到后宅，让他穿上太子的衣服。接着，召穆公命夫人带着太子躲起来，自己带着小儿子来到前厅。国人看到有个穿着太子衣服的孩子出来，不由分说，上去就是拳打脚踢。一眨眼的工夫，假太子就被活活打死了。那些人心满意足地离开了召穆公的家。召穆公强忍悲痛，依照太子的下葬规格安葬了自己的小儿子，对外只说是太子被打死了。从此太子就在召穆公家住下，以召穆公小儿子的身份生活。

国人赶走周厉王，杀了假冒的太子，出了恶气，就各自散去了。由于周厉王逃到彘，"太子"又被杀死了，国家没了主人。俗话说"国不可一日无君"，国家的事情这么多，总得有人来负责啊。朝中剩下的大臣们商量了一番，一致推举召穆公、周定公代行天子的职务，史称"共和"或"共和行政"。

共和行政是中国历史上非常重要的一件事。在此之前，中国的历史只是传说和半信史，时间脉络并不清楚，只能通过考古追溯，很不准确。共和元年，即公元前841年，是我国历史有确切纪年的开始，具有里程碑式的意义。从共和元年开始，中国的历史有了确切的纪年，一直到现在都没有间断。

防民之口，甚于防川：指堵塞人民的嘴，比堵塞泛滥的河水还难。形容钳制舆论，压制人民的言论自由是有大害的。

楚国国君胆子大

被轻视的楚人要雄起

　　楚国在春秋战国时期，是闻名天下的大国。春秋五霸中有楚国，战国七雄中也有楚国。为什么在春秋时期，别的诸侯都是称公称侯，偏偏楚国的国君和周天子一样是称王呢？这个呀，得从楚国的历史说起。

　　楚国是由居住在荆山（今湖北南漳境内）的楚族发展而来，楚族因此也称荆楚。楚人自称是黄帝的孙子颛顼的后裔，颛顼的后人中有一个叫吴回的，在帝喾时代当过火正（掌管火的官员），称为祝融氏。这个吴回，就是楚国人的先祖。

　　楚族在商朝的时候非常弱小，经常受欺负，不得不臣服商朝。到了商朝末年，楚族的首领鬻（yù）熊不甘心再受商朝的压迫。他也是赶上了好时候，当时姬昌为了推翻纣王的残暴统治，广发"英雄帖"，招揽天下英雄。鬻熊听说姬昌为人宽厚，尊重人才，于是前去投奔姬昌。姬昌对鬻熊非常尊敬，经常向他请教，还让他做了自己的儿子周武王的老师。所以，后来楚国人常骄傲地说，我们的祖先鬻熊是周文王、周武王的老师。这么说来，鬻熊和大名鼎鼎的姜子牙曾经还是同事呢。楚人非常敬重鬻熊，鬻熊的后代从此就以熊为姓。

到了周成王的时候，为了表彰鬻熊的功德，周天子就将鬻熊的曾孙熊绎封于楚地，定都于丹江（一说在今湖北秭归，一说在今湖北枝江），给了他子爵的爵位，熊绎在此建立了楚国。不过，那时候楚国是个非常小的国家。周朝的爵位分公、侯、伯、子、男五等，子爵是非常小的爵位。那时的楚国不但地盘小，而且楚王的官爵也小。

楚国所在之地，山丘纵横交错，河汉密布，周围都是些不服教化的少数民族。那些好一点儿的地方，周天子全都封给了自己的亲戚、功臣。周武王把熊绎封在这里，无非是想让楚人给周王室当个挡箭牌，抵御南方少数民族的入侵。

后来，周成王在洛邑召集天下诸侯会盟，熊绎也欢天喜地地前去参加。许多有功于周王室的诸侯后裔都被周成王升了一级爵位，偏偏熊绎的爵位没有提升，依然是子爵。那些大诸侯在周成王面前都有座位，熊绎却连个座位也没有，只能站着看大家开会。熊绎心中愤愤不平，心想："我的祖先怎么说也是当过周文王、周武王老师的人啊，周天子懂不懂尊师重道啊，怎么能这么对待先祖老师的后人呢？哼，今天你看不起我，明天我让你高攀不起。"

　　熊绎回到自己那小小的封国后，团结百姓，发展经济。经过几十年的努力，楚国一跃成为当地的强国，邻近的那些小国都十分害怕它。

　　周昭王南征的时候，平定了南方的许多小国，陆续在汉水东部一带分封了一些和周王室有亲戚关系的诸侯，想要压制楚国。那些新分封的诸侯看不起楚国，把楚国人视为蛮夷。楚国君主心里更加不满，一气之下，停止向周王室朝贡。

自己称王就是爽

　　到了熊渠当楚国国君的时候，楚国可比以前阔气多了，周围的部族纷纷归附，楚国的地盘就像滚雪球一样，越来越大。

　　熊渠是一位很有作为的君主，不但很有谋略，而且武艺超群。有一次，他夜间出行，看见前方趴着一个东西，很像是老

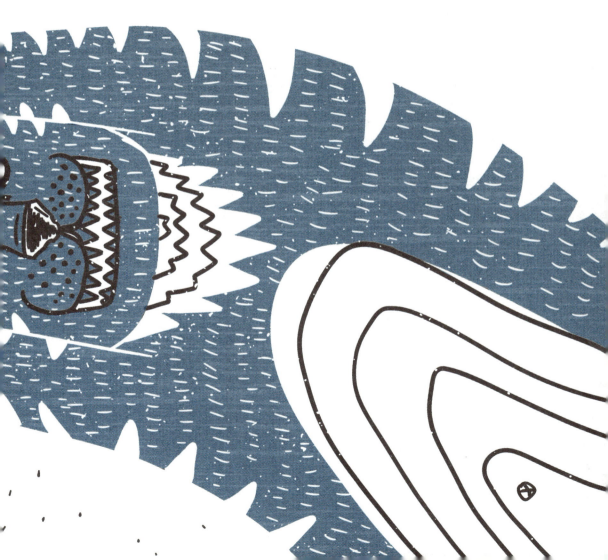

虎。熊渠吓了一大跳，马上弯弓搭箭，朝"老虎"射了过去。等他走近后才发现，那是一块大石头，那支箭的箭头深深陷在石头里，箭杆上的羽毛都掉下来了。熊渠接着又朝石头射了几箭，却再也无法射入石头中。这个故事，是不是很像飞将军李广射石头的故事呢？不过，熊渠射石可比李广射石早了一千多年呢。

当时周朝正值周夷王在位时期，周王室的威信不断下降，有些诸侯国开始不再朝贡。这时的楚国在熊渠的治理下，得到百姓的拥护，国家发展得红红火火。熊渠想扩张自己的地盘，对离自己远的那些诸侯国客客气气，与之友好往来；对周围的庸国、扬越和鄂国，他可就没那么客气了，总是找机会征伐。他先攻灭了西边的庸国（今湖北竹山），解除了自己的后顾之忧。庸国当年曾跟随周武王参加牧野之战，也算是个响当当的大国，却被熊渠一口吃掉了。

随后，熊渠把目光投向了东边，率军沿着汉江南下，进入江汉平原，攻打扬越（古百越族的一支），并一直向东追击，占据了整个江汉平原。接着，他趁周天子征伐鄂国（今湖北鄂州一带）的时机，把势力扩张到鄂地，占领了丰富的铜矿产区。在当时，铜矿就是财富，熊渠的地盘和财富都大大增加了。

到了这时，熊渠觉得自己已经称雄南方，和周天子能平起平坐了。"你们不是瞧不起楚国吗，你们不是以为王很了不起吗？你们周王室给的子爵我才不稀罕！"于是，熊渠僭越封长子熊毋康为**句亶（gōu dǎn）王**，次子熊挚红为鄂王，少子熊执疵为越章王。楚国是周朝的诸侯国中，第一个敢于称王封王的。熊渠封这三个儿子为王也是有用意的，一来表示对周天子的蔑视，二来这三个儿子的封地正好处在铜矿产区及其沿线，能够保证将所采的铜矿顺利运回楚国的都城。

到了后来，周厉王即位。大家都知道，这是个凶狠残暴、不按常理出牌的家伙，弄得国人都不敢在路上说话。熊渠听说了周厉王的恶名，知道他不好惹，就悄悄取消了三个儿子的王号。

公元前 877 年，熊渠去世。当时他的长子熊毋康已经去世，就由次子熊挚红继承国君之位。过了没多久，小儿子熊执疵发动政变，杀了哥哥熊挚红，自立为楚国国君。

到了春秋时期，周王室东迁，再也没了往日的威风，那些大诸侯为了争霸打成一团。楚国君主熊通学着北方的那些霸主，把长江流域的许多小诸侯叫到楚国来会盟。当时奉命参加会盟的有十来个小诸侯国，只有黄国（位于今河南潢川）和随国（位于今湖北随州）没来参加。熊通一看这两个国家不听话，非常生气。因为黄国距离比较远，熊通只是派使者去训斥了黄国国君。随国离楚国比较近，下手很方便，熊通决定讨伐随国。

公元前706年，熊通率军攻打随国。随国国君一看势头不好，连忙服软，派使者对熊通说："楚国和随国向来友好，用得着刀兵相见吗？"

熊通一见随国服软认输，就说："不打你也行，但你要帮我做一件事。你不是经常去朝见周天子吗？你帮我向周天子提一个要求，把我的爵位大大提升一下。"

随国国君就派使者去见当时的周天子桓王，说："南边有个小小的楚国，国君本来是子爵。现在楚国国君嫌子爵的爵位太低，想让大王给他提升一下，不知大王意下如何？"

周桓王听后，觉得莫名其妙。这些年楚国在南方不断发展壮大，吞并了好些周天子分封在汉水流域的小国，对周王室只有损害，没有任何功劳。还有，当年周昭王南巡的时候可是死在了楚地。虽然那时楚国还很弱小，但不能说完全没有责任。周天子不去找楚国的麻烦就算开恩了，楚国国君居然还要求周天子提升他的爵位。周桓王于是断然拒绝了熊通的无理要求。

随国国君把周桓王的决定告诉熊通，熊通说："既然周天子不仁，就别怪我不义。我也不要他来升官，自己称王算了！"

公元前704年，熊通宣布称王。熊通去世以后，人们称他为楚武王。从此，楚国就再也没有取消过王号，堂堂正正地自立为王了。

首创县制：楚武王熊通为了扩大国土，不断吞并楚国周边小国。在吞并权国后，他没有像其他诸侯国那样把权国分封给卿大夫，而是将吞并的权国设置为县，并任命县尹管理。县不属于封地，且县尹由国君直接任命，不得世袭，这是天下之首创。直到当代，县仍是中国的一级地方行政区域。

回光返照的中兴

宣王中兴

管闲事埋祸端

公元前 828 年，逃到彘的周厉王在郁郁寡欢中度过十四年的时光后，病死了。这时，藏在召穆公家中的太子姬静已经成年。周定公和召穆公听说周厉王已经去世，就在公元前 827 年拥立姬静做了天子，也就是周宣王，共和时期从此宣告结束。

周宣王毕竟是吃过苦、受过罪的人，知道不能像父王当年一样胡闹，动不动就得罪国人。他即位以后，任用召穆公、周定公、尹吉甫、仲山甫等大臣，正式废除了周厉王的那些暴政，缓和了和国人之间的矛盾。

周宣王对在国人暴动中被毁掉的宗庙、宫殿进行重建，把已经残破不堪的都城整修了一遍。同时，他连续讨伐徐夷、淮夷和

西戎，全部大获全胜。这大大提高了王室的威信，诸侯又重新来朝贡，衰落的周王室呈现出欣欣向荣的景象，史称"宣王中兴"。可惜的是，这个中兴的大好局面，最终毁在了周宣王自己手里。

公元前817年，周宣王打败了经常侵扰鲁国的淮夷和徐夷。

鲁国的鲁武公为了表达谢意，带着长子公子括和次子公子戏来到镐京朝见周宣王。自从国人暴动以来，这还是第一次有大诸侯国的君主朝见周天子。

本来一切都进行得很顺利，结果周宣王见鲁武公的次子公子戏英俊潇洒、能说会道，心中十分喜欢。他为了显示威风，就对鲁武公说："公子戏德才兼备，你就立他为太子吧。"

这一下弄得鲁武公左右为难，不知该如何是好。如果听周宣王的话，那就违反了周礼的嫡长子继承制；如果不听周宣王的

话，那就违抗了天子的命令，相当于犯上作乱。鲁武公一想："规矩是死的，大王可是活的，随时可以对自己问罪，还是听大王的吧。"于是他答应了。

鲁武公没违背周宣王的命令，可是朝中大臣们纷纷表示反对。仲山甫劝谏周昭王说："由嫡长子来继承君位，这是周礼的规定，您身为天子，却违反礼法。如果以后有臣子违反礼法，您凭什么去制裁呢？假如后人纷纷效仿您的做法，那可怎么办？"都说天子金口玉言，周宣王这么做就是为了显示一下天子的威风，如果收回自己的话，那他的脸往哪儿搁呢？所以他没有接受仲山甫的劝谏。

周王室的威信跌到谷底

鲁武公按照周宣王的命令，立次子公子戏为鲁国太子。几年后，鲁武公去世，公子戏成为鲁国国君，也就是鲁懿公。公子括平白无故失去了国君之位，非常郁闷，不久后也去世了。

公子括大人有大量，不和弟弟计较，但是公子括的儿子伯御却十分恼怒，想抢回属于父亲的君位。鲁国是制定周礼的周公的封国，鲁国人对周宣王公然违反周礼的行为也十分不满，所以有很多人支持伯御。公元前807年，伯御发动政变，杀死了鲁懿公，自立为鲁国国君。

远在镐京的周宣王听说自己钦点的鲁国国君被杀，气得暴跳如雷。不过，他那时正忙着讨伐徐夷、淮夷和西戎呢，暂时腾不出手来对付伯御。

公元前796年，周宣王派大军征伐鲁国。周宣王的军队很快打到鲁国的国都曲阜，杀死了伯御，立鲁懿公的弟弟公子称为国君，也就是鲁孝公。鲁孝公不争不抢，到头来君位反而落在了他的头上。后来鲁国的历代国君，都是鲁孝公的后代。

周宣王表面上获得了胜利，但是这件事造成了非常恶劣的后果。当年鲁幽公被他的弟弟鲁魏公杀死，周昭王该管的时候不管；周宣王强行立公子戏为鲁国太子，是不该管的时候偏要管，带头破坏祖宗定下的规矩。既然周天子都不遵守周礼，那诸侯又有什么理由去遵守呢？周宣王这么做破坏了周王室统治的基础。

接下来，周宣王的日子可就不好过了。他讨伐太原戎、条戎、奔戎、姜戎，结果次次都是大败而归。尤其是在和姜戎的"千亩之战"中，周宣王的大军竟然全军覆没。俗话说，病急乱投医，连战连败的周宣王又做了一件违背周礼的事。

千亩之战失败后，周王室实际控制的国土大大减少，人口也减少了很多。周宣王急坏了，就想摸摸王室的家底，准备"料民"。所谓料民，就是人口普查，看看王室控制的国都周围到底还有多少国人，能征多少兵。

可是"料民"这事是历代周王从来没做过的事情，也不符合周礼，大臣们纷纷表示强烈反对。第一个站出来反对的还是仲山甫，他直截了当地告诉周宣王："料民这件事，是做不得的。"

周宣王搞人口普查，一方面是想顺应形势，为征收人头税做准备；另一方面，他也想摸清自己的家底，看看接下来还能征召多少国人当兵。仲山甫为什么要反对呢？

因为根据周礼，周天子和诸侯、大臣都有自己的势力范围，

各管一块。周宣王手下的官员各司其职，他想知道什么数据，直接让官员把数据报上来就行了。现在周宣王宣布自己搞人口普查，这不是说明他对朝廷的大小官员不信任吗？

当然，这只是明面上的理由。真正的理由是，许多贵族和官员私自拥有大片土地和大量人口，又不向国家交税。如果周宣王"料民"，查清了他们的真实家底，让他们照章纳税，那他们的损失可就大了。这些人被逼急了，再发动一次"国人暴动"也不是不可能的。周宣王思来想去，害怕落得跟他父王当年一样的下场，只好取消了"料民"。这次"料民事件"，让周宣王的威信跌到了谷底。

公元前782年，周宣王去世，他的中兴事业就像回光返照一样，随着他的离世而结束。

中华诗祖：尹吉甫是周宣王时的太师，《诗经》中有些篇章是赞美尹吉甫功绩的，有些篇章是尹吉甫所作，如《大雅》中的《崧高》《烝民》《韩奕》《江汉》等。他还是《诗经》的编撰者，所以被尊称为"中华诗祖"。

美人不笑怎么办

烽火戏诸侯

又是美女惹的祸

公元前781年，周宣王之子**姬宫涅**（shēng）即位，这就是周幽王。这位周天子即位后，不急于处理国政，而是下令在天下广选美女，充实自己的后宫。谁知选美令下达没多久，镐京就发生了大地震，渭水、泾水、洛水一度断流，造成大量人员伤亡和巨大的财产损失。

大臣赵叔带借着这个机会劝谏周幽王，说："发生地震是一种不好的征兆，大王应该停止选美，好好管理国家，以求得到上天的原谅。"周幽王听完，气不打一处来。他下令把赵叔带一撸到底，革除了其所有职位。

另一位正直的大臣**褒珦**（bāo xiàng）看不过去了，对周幽王说："大王啊，现在发生了地震，您不去安抚那些受灾的百姓，

反而处罚劝谏的大臣，再这样下去，国家会有危险啊。请您赦免赵叔带吧！"周幽王见有人敢为赵叔带说情，更生气了，下令把褒珦关进监狱。

褒珦是褒国国君，他的儿子看到父亲被关进监狱，心急如焚。这时，有人给他出了个好主意："大王不是喜欢美女吗？您不如投其所好，送个美女给大王，大王一高兴，就会把您的父亲放出来的。"褒珦的儿子一听，这还真是个好办法。于是他在褒国精挑细选，找到一位特别漂亮的民间女子。褒珦的儿子认她当了妹妹，起名儿叫**褒姒**（bāo sì），然后又选出九名美女，把她们一起献给周幽王。

周幽王一看到褒姒，立刻就喜欢上了，马上下令将岳父褒珦释放了。自从得到褒姒以后，周幽王就疏远了申后和其他妃子，每天只和褒姒在一起。到了后来，他连国政都懒得管，全都交给宠臣**虢**（guó）**石父**打理。没过多久，褒姒就给周幽王生了个儿子，起名儿叫伯服。这样一来，褒姒就更受宠爱了。

虽然备受周幽王的宠爱，褒姒却是一个"冰山美人"，脸上从来没有露出过笑容。周幽王觉得很奇怪，再三询问褒姒不笑的原因。褒姒说自己从小就没有笑过。可是在周幽王看来，褒姒不会笑，就好像一朵美丽的牡丹花从来没有盛开过，真是太让人遗憾了。

申后见周幽王被褒姒迷得神魂颠倒，免不了摆出王后的架子，教训褒姒几句。褒姒受了委屈，就向周幽王说起了申后的坏话。周幽王大怒，为了不让褒姒再受申后的气，干脆把申后废了，改立褒姒为王后。太子宜臼见母亲无缘无故被废，就跑去痛

斥了褒姒一顿。周幽王干脆把太子宜臼也废了，改立褒姒的儿子伯服为太子。

宜臼被废黜太子之位以后，知道大事不好，担心父王哪天脾气上来杀了自己，就逃到舅舅申侯的申国（今河南唐河）避难去了。周幽王得到消息后，气得火冒三丈。他派人到申国去索要宜臼，然后带着褒姒去骊山（今陕西临潼东南）散心去了。

美人一笑倾天下

褒姒和周幽王上了骊山，见山上有许多高大的土台，就问："这些是什么东西啊？"

周幽王笑着说："这个呀，叫烽火台！"

原来，自从周昭王南征失败后，周王室实力大损。为了防备犬戎入侵，周朝就在镐京附近的骊山一带修筑了二十多座烽火台，每隔几里地就有一座。烽火台里面堆积了大量狼粪做燃料，遇到紧急情况，马上用火点燃。附近的诸侯一见狼烟升起，就会率兵赶来救驾。

宠臣虢石父悄悄对周幽王说："既然娘娘不知道烽燧的作用，大王不如向她演示一番，逗逗她开心！"

周幽王听了，觉得这是个好主意。一是可以逗美人一笑，二是能检测一下附近诸侯对烽燧的反应速度。想到这里，周幽王命人去把烽火点燃。一时间狼烟四起，周围的诸侯一见，纷纷带领人马赶来救驾。他们到了骊山脚下，却连一个犬戎兵的影子都没有看到，只听到山上一阵阵奏乐和唱歌的声音，原来是周幽王和褒姒正在饮酒作乐。

　　这时，周幽王派一个小臣下去传旨，说："天子因为烽燧多年不用，担心大家放松警惕，所以特地测试一次。现在没事了，大家回去吧。"各路诸侯听了，虽然生气，却不敢发作，只得收拾兵马回去了。

　　褒姒看见烽火一点燃，就有一大批人马慌慌张张地跑过来，现在周幽王一声令下，又全都灰头土脸地回去了，一个个看起

来非常狼狈。她越想越觉得有趣，不觉笑了起来。周幽王见褒姒终于笑了，不由得大喜，把虢石父叫来表扬了一番，还赏给他大量财宝。周幽王带着褒姒开心地在骊山游玩了几天，这才回到镐京。

西周灭亡

再说申侯见周幽王派人前来索要宜臼,就找来手下商议,说:"太子无故被废,他是我的外甥,我是断然不会把他交给昏君的。可是如果王师前来征讨,我们又抵挡不住。西方的犬戎素来强悍,和周朝有世仇。我想向犬戎借兵,大家以为如何?"

这时,一位大臣对申侯说:"您既然有意向西戎借兵,不如把动静闹得更大一些,干脆联合西戎直捣镐京,然后让天子废黜褒姒、伯服,恢复王后、太子的地位,这样不是更好吗?"

申侯一听,连声夸奖道:"好,好,好,就按你说的办!"就这样,申侯派人带着大量财宝到犬戎那里借兵去了。犬戎首领早就想攻打镐京,一听竟然有这样的好事,当即答应出兵。公元前771年,犬戎大军在申侯的带领下,向周朝的都城镐京进发。

周幽王回到京城后,见申侯不肯交出宜臼,正准备集合人马前去讨伐,忽然有人慌慌张张跑来报告,说申侯领着犬戎大军杀奔镐京而来。周幽王一面命虢石父带领兵马前去抵抗,一面派人去点燃烽火。很快,烽火台上狼烟滚滚,可是没有一个救兵赶来。原来,那些诸侯看到烽火,心想:"我们拿你当天子,你拿我们当傻子,还想让我们再上当,可没那么容易。"

虢石父还没有把人马集合完毕,就见镐京城外尘土飞扬,犬戎的先锋人马已经杀到城下。镐京守军本就怨恨周幽王整天胡作非为,不干正事,这时都不愿替他卖命。他们勉强招架了一阵以后,就一哄而散。犬戎兵马蜂拥入城,周幽王带着褒姒、伯服和

少量侍卫，仓皇从后门逃往骊山。

犇戎大军占领镐京后，继续派兵追赶周幽王。周幽王的侍卫见追兵赶来，连忙四散逃命去了，只剩下周幽王、褒姒、伯服三人吓得瘫坐在车上。

犇戎兵一见周幽王的穿着打扮，知道他就是周天子，当场将他杀害。接着，他们又从褒姒手里抓过伯服，一刀杀死。随后，这些人就带着褒姒向犇戎首领请功去了。

这时，往日繁华无比的镐京，全城到处是熊熊火光，疮痍满目。就这样，以镐京为都城的西周灭亡了。

四夷：四夷是古时华夏族对四方少数民族的统称，含有轻蔑之意，分别指东夷、西戎、南蛮、北狄。中国古人的"天下"观是，华夏族所在的地方是天下的中心，也是文明的中心，越向外延伸，文明就越落后，人也越野蛮，所以才有了"四夷"之说。

风云人物榜

启：中国历史上第一个奴隶制国家夏朝的建立者，或讳称"开"。他是夏王大禹之子，如果以大禹为夏朝第一代君王，那么，他就是夏朝第二代君王。

武丁：商朝第二十四任君主。武丁在位期间，勤于政事，任用奴隶出身的傅说及甘盘、祖己等贤能之人辅政，励精图治，使商朝政治、经济、军事、文化得到空前发展，史称"武丁盛世"。

周武王：周朝的开国之君。善于用人，推翻了商纣王的暴虐统治。后世将其作为贤明君主的代表。

周公：周文王姬昌第四子，周武王姬发的弟弟。周公曾两次辅佐周武王伐纣，并制作礼乐。是西周杰出的政治家、军事家、思想家、教育家，被尊为"元圣"和儒学先驱。